ADAC Reiseführer

Gran Canaria

von Nana Claudia Nenzel
mit Fotos von Gottfried Aigner

Intro

Unterwegs

Die Ostküste – Meeresstrand und Hinterland 111

Gran Canaria Kaleidoskop

Karten und Pläne

Service

Gran Canaria Impressionen

Eine Insel voller Badespaß, Dünenzauber und Bergeinsamkeit

Der Name der beliebten Ferieninsel Gran Canaria ruft viele Bilder hervor: Touristenrummel rund um die Uhr, schöne goldgelbe Sandstrände gerahmt von riesigen Hotelanlagen und Apartmentburgen, ein bunter Reigen von Kneipen, Bars und Diskotheken für das nimmermüde **Reisepublikum**. Kaum ein anderes europäisches Urlaubsziel im Atlantik wird von so vielen Touristen besucht wie Gran Canaria. Was aber begeistert die jährlich 2 bis 3 Millionen Besucher (davon über 800 000 aus Deutschland), was macht die **Faszination** dieser fast kreisrunden Insel aus, der drittgrößten im kanarischen Archipel?

Insel der Kontraste

Nur etwa vier bis fünf Flugstunden vom im Winter meist grauen, feucht-kalten Mitteleuropa entfernt genießen Sonnenhungrige auf dieser Insel (sie liegt auf der Höhe der afrikanischen Sahara) strahlende Urlaubstage bei angenehm frühlingshaften bis frühsommerlichen Temperaturen und tummeln sich an traumhaft schönen **Sandstränden**, die von einer steten Meeresbrise umfächelt werden. Außerdem lockt die vielfältige Landschaft **Gran Canarias** mit einer faszinierenden Mischung aus üppig-bunter Mittelmeerflora und magischer Sandwüstenkulisse.

Der Tourismus spielt sich zu 95 % an den Stränden und Buchten der **Südküste** ab. Vom Ferientrubel weitgehend unberührt bleibt das kontrastreiche **Inselinnere**. Es trägt den Stempel der vulkanischen Ursprünge Gran Canarias. Hier gibt es tiefe *Barrancos* (Schluchten) und imposante *Calderas* (Vulkankrater) zu bewundern,

Oben: *Ob tagsüber beim Surfen oder abends in einer Bar – Spaß ist garantiert*
Rechts: *Wie in einem Märchen aus Tausendundeiner Nacht locken verheißungsvoll die einzigartigen Dünen von Maspalomas*
Rechts oben: *Abenteuerlich: Mountainbiking in der bizarren Bergwelt der Insel*

deren zerklüftete Wände als bizarre Gesteinsformationen aufragen. Diese alten Vulkanschlote aus festem dunklem Basalt gehören zu den landschaftlichen Höhepunkten der Insel. Sehenswert sind vor allem der Roque Nublo (1803 m) und der nahe Roque Bentayga (1404 m), majestätische Gipfel, welche die Ureinwohner als heilige Berge verehrten. Weit weniger spektakulär geformt, dafür aber der höchste Berg Gran Canarias ist der behäbig-breitgelagerte Pozo de las Nieves (1949 m).

In der Umgebung, auf Bergterrassen und in den feldreichen Tälern, gedeihen mühsam gepflegt und bewässert, schmackhaftes **Obst und Gemüse** – als besonders köstlich gelten z. B. die kanarischen Tomaten.

Am dichtesten besiedelt ist die Insel im fruchtbare **Norden**. Hier findet man weit verstreute Bauernhöfe und zauberhaft gelegene weiße Dörfer. Ihre maurisch anmutenden kubischen Häuser sind dicht ineinander verschachtelt, die Fassaden häufig mit den typischen kanarischen Holzbalkonen verziert. Diese Dörfer sind nicht nur Augenweiden für den Betrachter, sie dienen vielen Canarios als ›Sommerfrische‹, denn hier finden sie Ruhe und Erholung nach der Arbeit an den Ferienstränden oder in der Hauptstadt Las Palmas de Gran Canaria.

Oben: *Während des Karnevals geht es besonders bunt und fröhlich zu*
Unten: *Las Palmas' Shoppingmeile besticht mit wunderschönen Fassaden*
Rechts: *Friedlich liegen die bunten Fischerboote am Strand von Las Canteras*
Rechts oben: *Ein Traum in Rosa: Mandelblüte in Tejeda*

Las Palmas – Tor zur Welt

Die Hafenstadt Las Palmas ist zugleich **Hauptstadt** der spanischen Provinz Gran Canaria, zu der auch die Inseln Lanzarote und Fuerteventura gehören. Sie dürfte nach wie vor eine der kosmopolitischsten Städte Spaniens sein. Jahrhundertelang galt sie als wichtiger Anlaufpunkt auf den Schiffsrouten zwischen Europa, Afrika und Amerika. Folglich ließen sich hier auch Menschen aus vielen seefahrenden und handeltreibenden Nationen (Großbritannien, Spanien, Portugal, Frankreich, Indien, China) nieder.

Heute lebt etwa die Hälfte der Inselbevölkerung (knapp 400 000 von etwa 800 000) in der geschäftigen Metropole und Las Palmas ist das wirtschaftliche und kulturelle Zentrum der gesamten Inselgruppe. Die Stadt lockt mit interessanten Museen und Galerien und bietet zahllose Events.

Von Guanchen und Spaniern

Mit Beginn des Reisebooms kamen statt Seefahrern Spanier vom Festland, vor allem aus dem strukturschwachen Andalusien, nach Gran Canaria, um im Tourismussektor zu arbeiten und viele von ihnen blieben für immer.

Den alteingesessenen **Grancanarios** begegnen Reisende eher in abgelegenen Bergstädtchen und stillen Fischerdörfern. Sie zeichnen sich meist durch kräftigen Körperbau aus und manche haben erstaunlicherweise blonde Haare und blaue Augen. Ihre ausnehmende Freundlichkeit macht den Umgang mit ihnen zu einem wahren Vergnügen. Die Herkunft ihrer Vorfahren jedoch liegt noch immer im Dunkeln. Wahrscheinlich sind die Ureinwohner der Kanarischen Inseln, sie werden allgemein als **Guanchen** bezeichnet, einst vom nordafrikanischen Festland eingewandert. Sie waren es auch, die Gran Canaria seinen ersten Namen gaben: *Támaran*, das Palmenland.

Die Spanier hatten bereits seit dem 14. Jh. Ansprüche auf die Inselgruppe erhoben, konnten sie aber erst 1483 endgültig in Besitz nehmen. Dem Archipel gaben sie den Namen *Islas Canarias*, wohl wegen der besonderen Hunderasse, die sie hier vorfanden, und aus Támaran wurde damals Gran Canaria.

Wirtschaft

Das Land wurde alsbald unter den Getreuen der spanischen Krone aufgeteilt und man begann mit der gezielten Ausbeutung. Die Ländereien spezialisierten sich auf den Anbau von **Zuckerrohr** in großem Maßstab. Die Urbevölkerung wurde im Zuge dieser Inbesitznahme stark dezimiert. Zugleich gingen die Spanier daran, die dichten Wälder abzuholzen, um mehr Land urbar zu machen, aber auch, um Teer und Baumaterial für Häuser und Schiffe zu gewinnen.

1492 machte **Cristóbal Colón** (Christoph Kolumbus) auf Gran Canaria Station um seine Flotte aufzurüsten. Von hier begab er sich auf die Suche nach dem Westweg nach Indien und entdeckte die Neue Welt, die Amerikas und die Karibischen Inseln. Viele Seefahrer taten es Kolumbus gleich und nutzten die Kanaren als Ausgangspunkt für ihre Reisen. Auch heute noch sind die Häfen des Archipels letzte **Anlaufstelle** vor der Überquerung des Atlantiks, doch sind es jetzt überwiegend Sport- und Freizeitsegler, die hier Station machen, wie die farbenfrohen Bilder auf der Mole im Jachthafen von Las Palmas de Gran Canaria zeigen.

Die Öffnung zur Neuen Welt brachte den Kanaren selbst immer wieder wirtschaftliche **Krisen**: Der lukrative Zuckerrohranbau wurde mit Erschließung der Karibischen Inseln dorthin verlegt, denn in dieser Region standen bald Millionen von Sklaven als Arbeitskräfte zum Nulltarif zur Verfügung.

Zweiter landwirtschaftlicher Großversuch auf Gran Canaria war der Anbau von **Malvasia-Wein**, der zu einem begehrten Tropfen an den Tafeln der europäischen Königs- und Adelshäuser avancierte. Im 18. Jh. aber trat Portugal mit dem Madeira-Wein als großer Konkurrent auf den

Plan. Mehltau und Reblaus machten dem Weinanbau auf den Kanarischen Inseln dann vollends den Garaus. Der kostbare rote Farbstoff der **Koschenille-Laus** stellte im 19. Jh. eine weitere wichtige Einnahmequelle dar, wurde aber bald viel billiger in Südamerika produziert. Nachdem auch der Anbau von **Bananen** und **Tomaten** um 1900 nicht den erhofften Erfolg gebracht hatte, kam es zur großen Auswanderungswelle. Die meisten Canarios zog es damals nach Südamerika.

Erfolgversprechend war jedoch, dass die Kanarischen Inseln 1852 zur **Freihandelszone** erklärt worden waren. Der Ausbau des Hafens von Las Palmas ab 1883 schuf auf Gran Canaria die Voraussetzungen für eine gewisse Stabilisierung der Wirtschaft. Doch erst der Fremdenverkehr sollte die Entwicklung endgültig vorantreiben und Tausende von Arbeitsplätzen schaffen.

Die Touristen kommen!

Die ersten Urlauber waren Briten, die im 19. Jh. Las Palmas de Gran Canaria entdeckten. Mit dem Aufkommen des Massentourismus in den 1960er-Jahren entstand dann Bedarf an großer Bettenkapazität. Der nun einsetzende Bauboom überzog die bislang unberührten Strände im Süden mit riesigen **Hotelanlagen**. Das küstennahe Bauland gehörte Großgrundbesitzern und Großbauern aus den Dörfern im Inselinneren und war bis dahin fast wertlos gewesen. Heute findet sich in diesem Bereich die größte Konzentration an Hotels und Apartmenthäusern auf der Insel. Längst aber hat man sich auch auf Gran Canaria eines Besseren besonnen, hat dem ungezügelten Bauboom Einhalt geboten und setzt statt auf Quantität auf Qualität.

Unbekanntes Gran Canaria

Heutzutage genießen immer mehr **Individualreisende** die landschaftlichen Schönheiten Gran Canarias jenseits der großen Ferienzentren. Sie bevorzugen Unterkünfte in ländlicher Umgebung, machen nur gelegentlich einen Badeausflug zu den wundervollen Stränden oder gehen in einem Fischerdorf schön essen.

Ferienquartiere auf dem Land und in den kleineren Orten erfreuen sich folg-

Oben: *Heiße Diskonächte in Las Palmas*
Mitte: *Unwiderstehlich: Gran Canarias Landwirtschaft bringt wahre Köstlichkeiten hervor*
Unten: *So lässt es sich aushalten: Erholung pur am weiten Sandstrand von Puerto Rico*
Rechts oben: *Die botanische Vielfalt im Bergland bei Santa Lucía ist überwältigend*

lich großer Beliebtheit. Der von der EU geförderte **Turismo Rural** umfasst vor allem kleine Hotels auf entsprechend ausgestatteten Landgütern oder in Villen.

Auch die kanarische **Küche** zeigt eine positive Entwicklung: Die Köche haben gelernt, die schwere bäuerliche Kost zu verfeinern und aus dem auf der Insel angebauten schmackhaften Gemüse leichte Gerichte mit kanarischer Note zu zaubern. Auch der Fang, den die Fischer an Land bringen, ist an Frische und Vielfältigkeit kaum zu überbieten. Wer also zum Essen in die kleinen Fischerdörfer fährt oder in Las Palmas wie auch in Playa del Inglés die richtigen Restaurants aufsucht, wird frisch zubereiteten Fisch und Meeresfrüchte in vollen Zügen genießen.

Der Reiseführer

Dieser Reiseführer stellt die facettenreiche Urlaubsinsel Gran Canaria in *sechs Kapiteln* vor. Auf die Highlights bei Sehenswürdigkeiten, Hotels oder Restaurants verweisen die **Top Tipps**. Detaillierte **Übersichtskarten** und **Stadtpläne** erleichtern die Orientierung. Den Besichtigungspunkten sind jeweils **Praktische Hinweise** mit Tourismusbüros, Hotels, Restaurants etc. angegliedert. **Gran Canaria aktuell A bis Z** hält eine Fülle von Informationen für den Aufenthalt bereit, zu Anreise, Essen und Trinken, Feste und Feiern, Sport etc. Hinzu kommt ein umfassender **Sprachführer**. Die Kurzessays des **Kaleidoskops** bieten interessante Hintergrundinformationen.

Geschichte, Kunst, Kultur im Überblick

Altkanarische Könige und spanische Eroberer, mutige Seefahrer und sonnenverliebte Feriengäste

vor etwa 14 Mio. Jahren Entstehung der Insel Gran Canaria durch Anhebung eines Vulkans aus dem Meer; Einsacken des großen Kraters in der Mitte.

3000 v. Chr. Vermutlich Besiedlung der Kanarischen Inseln von Nordafrika aus, und zwar in mehreren Wellen; vielleicht bereits Entstehung einzelner Königreiche der Altkanarier.

Frühe Expeditionen

ab 1100 v. Chr. Phönizische Seefahrer erreichen die Kanarischen Inseln auf der Suche nach neuen Handelsmöglichkeiten.

500–200 v. Chr. Nachweisbare erste Besiedlung der Kanaren von Nordafrika aus.

1. Jh. n. Chr. Durch Plinius d. Ä. (23–79) belegte Expedition des mauretanischen Königs Juba II. auf die Kanarischen Inseln. Erstmals taucht der Name *Insula Canaria* auf und Ovid (43 v. Chr.–17. n. Chr.) besingt in seinen ›Metamorphosen‹ den ewigen Frühling auf dieser Inselgruppe im Atlantik.

2. Jh. Ptolemäus (ca. 100–160) zeichnet seine Weltkarte, zieht dabei den Nullmeridian durch die Insel El Hierro und trägt die Lage von *Canaria* ein.

999 Der Maure Ben Farouk besucht Gran Canaria und geht in Gando an Land. Er durchquert die Insel und erweist im heutigen Gáldar dem Inselfürsten Reverenz. In Lissabon erfährt man später durch Farouk von der Fruchtbarkeit und dem angenehm milden Klima.

Europäische Ansprüche und Eroberung

14. Jh. Wiederentdeckung der Kanarischen Inseln durch europäische Seefahrer. Der italienische Schriftsteller Francesco Petrarca (1304–1374) berichtet von einer bewaffneten Mannschaft aus Genua, die bis Lanzarote vorgedrungen sei: Der Genuese Lancelote Mallocello erreicht die Insel 1312 und bleibt dort bis 1330. Lanzarote wird nach ihm benannt.

1341 Expedition des portugiesischen Königs Alfonso IV. (1279–1357), die von Lissabon aus eine große gepflegte Insel erreicht. Expeditionsleiter Niccoloso Recco liefert die erste genaue Beschreibung ihrer Landschaft.

1344 Papst Clemens VI. erklärt sich zum Herrscher aller unentdeckten Länder und erhebt Luis de la Cerda zum König der Kanaren, obwohl auf den Inseln nach wie vor die Altkanarier herrschen. Der neue ›König‹ betritt niemals seine Inseln und muss sie bald dem Papst zurückgeben, weil er den Tribut für sie nicht zahlen kann. Anschließend gehen die Kanaren an die spanische Krone.

1404 Auf Fuerteventura wird das erste Bistum der Kanaren gegründet. 1483 wird es nach Gran Canaria verlegt.

1406 Jean de Béthencourt wird zum König der Kanarischen Inseln gekrönt, obwohl er zu diesem Zeitpunkt erst Fuerteventura, El Hierro und La Gomera erobert hat. Auf Teneriffa, La Palma und Gran Canaria stößt er noch auf Widerstand.

1452 Der von seinem Onkel zum Vizekönig erhobene Maciot de Béthencourt verkauft ›seine‹ Inseln an Diego García de Herrera, den Marschall von Kastilien.

1461 García versucht vergeblich, mit einer Militär-

◁ *Das altkanarische Heiligtum am Bentayga gibt seine Geheimnisse nur zögernd preis*

Nachgestellt: Heilkundige Altkanarier führen eine schwierige Operation durch ▷

abordnung seines Schwiegersohnes Diego de Silva Gran Canaria zu erobern. Er kommt, als Händler getarnt, bis Gáldar. Der Herrscher der friedlichen Kanaren erlaubt ihm, in Telde ein Fort zu errichten. Doch als die Einheimischen ihm auf die Schliche kommen, wird seine Festung durch eine List eingenommen und er samt seiner Mannschaft getötet.

1477 Die Kanarischen Inseln werden wieder der spanischen Krone übertragen, General Juan Rejón soll Gran Canaria endgültig unterwerfen.

1478 600 spanische Soldaten unter der Leitung des Generals Rejón landen am Strand von La Isleta im Nordosten der Insel. Tenisor Semidán von Gáldar und Doramas von Telde, die beiden altkanarischen Könige (›Guanartemes‹) der Insel schließen sich zusammen. Sie ziehen mit einem starken Heer gegen die Spanier, werden jedoch vernichtend geschlagen. Der Widerstand ist zwar noch nicht gebrochen, aber für die Guanchen ist dies der Anfang vom Ende. – Las Palmas wird gegründet.

1480 Königin Isabella I. von Kastilien schickt Pedro de Vera als Gouverneur auf die Insel. Er schikaniert die Altkanarier, um sie nachhaltig zu schwächen.

1481 Der altkanarische König von Telde, Doramas, wird durch eine List getötet. Der König von Gáldar, Tenisor Semidán, wird festgenommen, nach Spanien gebracht und dort als Don Fernando Guanarteme unter der Patenschaft von König Ferdinand V. getauft. Er kehrt nach Gran Canaria zurück, um die letzten Altkanarier ebenfalls zur Taufe zu überreden.

1483 Einige Altkanarier gehen durch ihren dramatischen Freitod (Sturz von der Fortaleza de Ansite) in die Annalen der Kanarischen Inseln ein. Damit ist die endgültige Unterwerfung von Gran Canaria besiegelt. Das Land wird unter den Soldaten und Siedlern vom spanischen Festland sowie unter den wenigen übergelaufenen Altkanariern aufgeteilt. Innerhalb von 6 Monaten müssen alle ledigen Lehnsherren einheimische Frauen heiraten, wenn sie ihr Land behalten wollen. So vermischen sich Sieger und Besiegte relativ schnell. Doch Bürger zweiter Klasse bleiben alle Altkanarier, die sich weigern, ihre Sitten und Gebräuche aufzugeben oder sich wie Spanier zu kleiden. In Folge wird deren Assimilation zügig und streng durchgeführt und ihre Kultur unterdrückt.

Kultstätten oder Vorratskammern? Beeindruckend sind die Guanchen-Höhlen allemal

Schon bald müssen sich die Spanier gegen Piraten und Engländer wehren

Gran Canaria und die Neue Welt

1492 Cristóbal Colón (Christoph Kolumbus) kommt nach Las Palmas de Gran Canaria, um seine drei Schiffe für seine Suche nach dem Seeweg nach Indien auszurüsten. Die Insel liegt so günstig, dass er auch auf den späteren Reisen 1493, 1498 und 1502 vor der Atlantiküberquerung hier Station macht. Vermutlich reisen mit Kolumbus auch einige Canarios in die Neue Welt.
1492 und 1496 Tausende von Juden werden aus Portugal und Spanien vertrieben. Viele finden auf Gran Canaria trotz offiziellen Verbots eine neue Heimat.
16.–18. Jh. Die Kanarischen Inseln scheinen zunächst trotz ihrer exponierten Lage an wichtigen Handelswegen den Anschluss an die internationale Entwicklung zu verschlafen. Dann aber werden Zuckerrohr und Wein mit Erfolg angebaut. – Portugiesen und Genueser kommen auf die Insel, erstere als Pflanzer, Handwerker und Händler, letztere als Geldgeber, die eine wichtige Rolle in Wirtschaft und Politik spielen. Flamen und Holländer, Engländer und Iren mischen ebenfalls mit, die einen als Zuckerhändler und Finanziers, die anderen als Weinhändler. – Immer wieder werden die Inseln von feindlichen Piraten behelligt.
1595 Der britische Pirat Sir Francis Drake versucht vergeblich, den wichtigen Hafen von Las Palmas einzunehmen und zieht beschämt ab.
1678 Viele kanarische Familien müssen auf königliches Dekret ihre Insel verlassen, um die Neue Welt zu besiedeln.
1778 Gründung einer kanarischen Kolonie in Louisiana südlich von New Orleans.

Unter Königin Isabella II. werden die Kanaren Freihandelszone

1802 Simón Bolívar, der sein Heimatland Venezuela sowie Bolivien und Peru von der spanischen Herrschaft befreite, heiratet eine Kanarierin aus Teror. Zwei spätere Präsidenten Venezuelas stammen aus dem grancanarischen Valleseco.
1820 Las Palmas de Gran Canaria wird Hauptstadt der Insel.

Phase der Konsolidierung

ab 1830 Züchtung der Cochenille (Koschenille)-Schildlaus zur Gewinnung des wertvollen intensiven roten Farbstoffes.
1845 Gründung der ersten Philharmonischen Gesellschaft Spaniens in Las Palmas de Gran Canaria.
Mitte 19. Jh. Nach der Verlagerung des Zuckerrohranbaus und dem Niedergang der Weinkulturen folgt die zweite, diesmal ›freiwillige‹ Auswanderungswelle der Canarios, zumeist nach Mittel- und Südamerika.
1852 Königin Isabella II. von Kastilien erteilt den Kanarischen Inseln den Status einer Freihandelszone.
1883 Ausbau des Hafens von Las Palmas, des Puerto de la Luz.

1891 Mitglieder der englischen Gemeinde von Las Palmas gründen ›El Real Club de Golf de Las Palmas‹, den ersten Golfklub Spaniens.
Ende 19. Jh. Anbau von Bananen.
1912 Einrichtung von inseleigenen Selbstverwaltungen, den Cabildos Insular, auf den Kanarischen Inseln.
1927 Aufteilung der spanischen Inselgruppe in zwei Provinzen. Las Palmas de Gran Canaria wird Hauptstadt der Ostprovinz mit Gran Canaria, Lanzarote und Fuerteventura.
1930 Bau des Flughafens von Gran Canaria, dem heutigen Aeropuerto de Gando.
1936 Mit dem Putsch General Francos beginnt der Spanische Bürgerkrieg. Franco ist auf Teneriffa stationiert, schifft sich nach Gran Canaria ein und erreicht über Marokko das spanische Festland.

Neuzeit und Tourismus

1959 Erster deutscher Charterflug auf die Kanaren.
1969 Drastische Abwertung der Peseta und Liberalisierung der Kapitalanlagen – ein starker Anreiz für den Fremdenverkehr: hohe Investitionen im Hotelbau.
1975 Nach Francos Tod wird König Juan Carlos Spaniens Staatsoberhaupt; eine rasche Demokratisierung des Landes erfolgt; Separatistenbewegung auf den Kanaren.
1977 Deutsche Touristen sind zahlenmäßig die Nummer eins unter den ausländischen Feriengästen auf den Kanarischen Inseln.
1982 Autonomie-Status der Kanaren tritt in Kraft.
1986 Spanien tritt der EG bei. Die Kanaren lehnen den Beitritt ab, woraufhin für sie ein Sonderabkommen geschlossen wird.
1992 Die Kanaren treten als Vollmitglieder der EU bei, da ihnen erhebliche Vorteile versprochen wurden, u. a. die Zollbestimmungen wie bei Nicht-EU-Ländern beibehalten zu dürfen.
1999 Mehr als 3 Mio. Touristen besuchen Gran Canaria, davon über 955 000 aus Deutschland.
2001 Das kanarische Parlament beschließt – vorläufig für zwei Jahre – einen Baustopp für neue Tourismusprojekte.
2004 Gran Canaria feiert das 600-jährige Bestehen seines Bistums.
2005 Die UNESCO erklärt den Südwesten Gran Canarias zum Weltreservat der Biosphäre. – Der Tropensturm ›Delta‹ richtet auf den Kanaren Schäden in Millionenhöhe an. Außerdem fällt das Naturdenkmal ›El Dedo de Díos‹, eine Felsnadel vor der Küste Gran Canarias, dem Sturm zum Opfer.

Von den Kanaren aus bereitet General Franco den Spanischen Bürgerkrieg vor

2006 Die Cueva Pintada in Gáldar, eine mit Felsmalereien geschmückte Höhle, die zu den wichtigsten Zeugnissen altkanarischer Kultur zählt, wird nach 24-jähriger Schließung wieder der Öffentlichkeit zugänglich gemacht. – 17 Strände Gran Canarias erhalten die blaue Flagge für Wasserqualität, Sicherheit und Sauberkeit. – Tausende von afrikanischen Flüchtlingen erreichen auf Booten die Kanaren.

Die Felsnadel ›El Dedo de Díos‹ bei Puerto de las Nieves fällt 2005 einem Sturm zum Opfer

Unterwegs

Faszinierende Bergwelt:
Agaete am Fuß des Gordo

Bunte Hauptstadt – Herz der Insel

Die Hauptstadt Gran Canarias und der gleichnamigen Ostprovinz der Kanaren, Las Palmas de Gran Canaria, ist ein **Kultur- und Wirtschaftszentrum**, eine lebhafte Hafenstadt und nicht zuletzt ein herrlicher Platz für einen außergewöhnlichen Strandurlaub. Doch das ist den wenigsten Urlaubern, die einen Tagesausflug hierher unternehmen, um die Stadt zu besichtigen, bewusst. Die Einheimischen wissen die Vorzüge von Las Palmas zu schätzen. Immerhin lebt hier mit knapp 400 000 Einwohnern etwa die Hälfte der Gesamtbevölkerung Gran Canarias. Wie schnell zu erkennen ist, sind viele der Bürger nicht kanarischer Abstammung, ihre Vorfahren kamen – meist vor mehreren Generationen – vom europäischen Festland, Asien und Südamerika. Sie prägen das Bild einer geschäftigen, multikulturellen Hafen- und Handelsmetropole.

1 Las Palmas de Gran Canaria

Plan hintere Umschlagklappe

Inselmetropole, die durch ihre aufregende Geschichte, ihre beeindruckende Architektur und den Lebensstil ihrer Bewohner fasziniert.

Las Palmas de Gran Canaria liegt reizvoll auf einer Halbinsel ganz im Nordosten. Das einst vorgelagerte Eiland **La Isleta**, wurde durch Landgewinnung längst dem Stadtgebiet angeschlossen. Von Isleta im Norden bis **Vegueta** im Süden erstreckt sich die grancanarische Metropole über 12 km Länge. Die kosmopolitische Hauptstadt der Insel reicht mit ihren Vororten, den vornehm-grünen und den zubetonierten gleichermaßen, weit nach Süden und bis in den hügeligen Westen.

Stadtteile

Die Stadt verfügt über zwei lang gezogene Strände, wobei der hafennahe im Osten, *Playa de Alcaravaneras*, vor allem von Einheimischen frequentiert wird. Weitaus mehr Besucher zieht die westlich gelegene **Playa de las Canteras** an. Hier entwickelte sich bereits um die Wende vom 19. zum 20. Jh. der erste Tourismus. Las Canteras wird gerne mit Rios Copacabana-Strand verglichen und ist nicht zuletzt dank intensiver Verschönerungsmaßnahmen heute eine Attraktion für Touristen und Einheimische.

Hauptanziehungspunkt in Las Palmas selbst ist **Vegueta**, die Altstadt mit der

Auf dem Weg in die Zukunft: Las Palmas mit dem Auditorio Alfredo Kraus (links im Bild) ▷

Kathedrale. Zwischen La Isleta und Vegueta erstrecken sich sechs bzw. sieben Stadtteile von ganz unterschiedlichem Charakter. **Santa Catalina** ist das quirlige Hafenviertel, auch Mittelpunkt des Nachtlebens mit zahllosen Bars und Klubs. Hier zeigt die Stadt ihr wahrhaft kosmopolitisches Gesicht. Eher ruhig und gediegen wirken dagegen **Alcaravaneras**, das Geschäftszentrum, das Villenviertel **Ciudad Jardín** sowie *Lugo* und *Arenales* mit ihren vielen Verwaltungsbauten. Von größerem Interesse für Besucher ist **Triana**, das alte, wieder herausgeputzte Handelszentrum mit der Einkaufs- und Fußgängerzone. Trianas meernaher Teil wird **Ciudad del Mar** genannt.

Den weiten Weg von Santa Catalina bis Triana sollten Besucher per Taxi oder Bus zurücklegen. Man kann aber auch die Promenade zwischen Meer und Avenida Marítima entlangspazieren, die sich vom Handelshafen zu Füßen Isletas bis zum Parque San Telmo hinzieht.

Las Palmas ist übrigens seit 1989 auch Sitz einer Universität, deren Neubauten oberhalb der Stadt im wohlhabenden grünen Vorort **Tafira** [Nr. 8] nahe dem Botanischen Garten aufragen.

Geschichte Anfänglich standen nur ein paar vereinzelte Häuser an der Küste unweit des Flüsschens **Guiniguada**. Die Palmen des Flusstales gediehen zu ansehnlicher Höhe, weshalb die ersten spanischen Eroberer am 24. Juni 1478 unter der Befehlsleitung von Juan Rejón ihre Stadtgründung **Villa Real de las Palmas**, ›Königliche Stadt der Palmen‹, nannten. Kurz darauf fällten sie allerdings die Palmen, um damit Palisaden für ihr Militärlager zu bauen.

Las Palmas war auch Zwischenstation für Schiffsreisen über den Atlantik. Die Statthalter der spanischen Krone wählten die Hafenstadt als Residenz und 1492 machte Christoph Kolumbus vor seiner ersten Fahrt in die Neue Welt hier Station, wie übrigens auch bei seinen darauf folgenden Reisen. Portugiesen und Genueser lockte der Erfolg versprechende Handel mit Zuckerrohr und Sklaven, die von der nahe gelegenen afrikanischen Küste eingeschifft wurden.

Im Zentrum der Stadt, in Vegueta, wurden im 16. und 17. Jh. nahe der **Kathedrale** der Bischofspalast und die Casa del Regente, der Sitz des Regenten, errichtet. Jenseits des Flüsschens Guiniguada, in

Triana, ließen sich Fischer, Handwerker, Kaufleute und Händler nieder. Die typischen, teilweise noch erhaltenen Lagerhäuser nahmen die kostbaren Schiffsladungen auf. Der offensichtliche Wohlstand von Las Palmas lockte **Piraten** an, die nicht nur plündernd durch die Straßen zogen, sondern auch immer wieder Brände legten. Bis ins 19. Jh. hinein wuchs die Stadt daher nicht über die stets wieder aufgerichteten Mauern von Triana hinaus. Die Bevölkerung wurde wiederholt durch Epidemien und Hungersnöte dezimiert. In solchen schlechten Zeiten sahen sich viele Canarios zur **Auswanderung**, meist nach Lateinamerika, gezwungen.

Die Entwicklung von Stadt und Insel stagnierte auch deshalb, weil ein gut ausgebauter Hafen fehlte. 1811 wurde zunächst eine Mole am nördlichen Ende Trianas (nahe dem Parque San Telmo) errichtet. Gegen stürmische See bot diese jedoch keine Sicherheit.

Schließlich legte man im Schutz der Isleta ab 1883 einen großen Handelshafen an. Die Pläne stammten von Fernando de León y Castillo (1842–1918) [s. S. 120] aus Telde, der als spanischer Minister für Übersee seine Heimatinsel zu fördern verstand. Er hatte ihre Bedeutung als *Handelsstützpunkt* zwischen der Alten und der Neuen Welt erkannt. Architekt des großzügig angelegten **Puerto de la Luz** war sein Bruder Juan de León y Castillo.

Mit dem schwunghaften Bananenhandel durch englische Unternehmer gelangte der Ruf der schönen Inselhauptstadt bis nach Europa. Die ersten – briti-

Oben: *Inmitten der weiß schimmernden Altstadt von Las Palmas ragt die Kathedrale Santa Ana auf*

Unten: *Spanisches Flair vergangener Tage atmen noch so manche Innenhöfe in Vegueta*

schen – **Touristen** entdeckten um 1900 auch den feinsandigen Strand von Las Canteras im Westen der Stadt. Gran Canarias Hafen wiederum wurde so bedeutend, dass sich die Insel 1929 von der Vorherrschaft Teneriffas befreien und Las Palmas sich als **Hauptstadt** der Ostprovinz der Kanaren durchsetzen konnte. Zu ihrem Verwaltungsbereich zählen seitdem auch die östlichen Nachbarinseln Lanzarote und Fuerteventura.

Zwischen der Altstadt im Süden und dem Hafen im Norden verkehrte im 19. Jh. eine Straßenbahn und viele Engländer ließen sich entlang der Strecke Villen mit ausgedehnten Gärten anlegen – die heutige *Ciudad Jardín*.

An Bord der Kreuzfahrtschiffe auf Amerika-Kurs kamen Anfang des 20. Jh. weitere Touristen nach Las Palmas. Die ersten **Hotels** entstanden in den 1940er-Jahren. Zur selben Zeit führte die Landflucht eines Großteils der Bevölkerung dazu, dass sich die Stadt immer weiter nach Süden und Westen ausdehnte.

Mit dem Bau des neuen Flughafens von *Gando* im Süden, auf dem ab den 1960er-Jahren auch die Großflugzeuge der Chartergesellschaften landen konnten, verlor Las Palmas de Gran Canaria seine zentrale Bedeutung für den Tourismus. Zahlreiche Hotels und Apartmenthäuser am Strand von Las Canteras wurden in Wohnungen für die enorm angewachsene Stadtbevölkerung umfunktioniert. Derweil drohte die Altstadt zu veröden und zu verfallen. Zum Glück erkannte die Inselregierung rechtzeitig deren Bedeutung und so wurde das recht schnell sanierte Vegueta zu dem historischen Kleinod, das es heute ist.

Besichtigung Die interessanteste Besichtigungstour von Las Palmas ist wohl die etwas mehr als 6 km lange Strecke vom **Parque Santa Catalina** im Norden bis **Vegueta**, der Altstadt, im Süden. Den Wagen sollte man am besten in einem der zahlreichen Parkhäuser oder beim Hotel abstellen. Taxen sind preiswert und außerdem kommt man per Bus hervorragend voran. Vom Busbahnhof nahe Triana beim *Parque San Telmo* ist es z. B. nicht weit zur Vegueta und von der Busstation

Zum Anbeißen: Verführerisch sind die frischen Früchte auf dem Markt aufgebaut

Teatro Galdós gelangt man über den Barranco gleich zum *Mercado de Vegueta*, dem Markt und Ausgangspunkt eines abwechslungsreichen Spaziergangs.

Vegueta, das historische Las Palmas

Lange Zeit markierte der *Barranco del Guiniguada* die natürliche Grenze zwischen den Stadtteilen Vegueta und Triana. 1972 aber wurde das Flusstal mit einer vierspurigen Schnellstraße überbaut. Diese neue Verkehrsführung zerstörte den ursprünglichen Charakter des historischen Stadtkerns und man beschloss daher, sie durch das Projekt ›Recuperación del Barranco Guiniguada‹ rückgängig zu machen. Zur Wiederherstellung des Flusstals wurde im August 2006 mit dem Abriss der Schnellstraße begonnen. Bis 2009 werden an ihre Stelle Grünanlagen und Wasserspiele treten, Fußgängerbrücken sollen den Barranco überspannen und die Stadtteile Vegueta und Triana verbinden.

Zu Beginn eines Bummels durch Vegueta bietet sich ein Besuch des **Mercado de Vegueta** 1, der ältesten Markthalle der Insel, an. Sie ist vor allem deshalb interessant, weil viele Stände *grancanarische Produkte* anbieten, wie diverse Käsesorten, Tomaten und Bananen, Avocados und Mangos, Brunnenkresse und Linsen, Mandelprodukte, Orangen, Zitronen und vieles mehr. Ringsum befinden sich Lebensmittelläden, die man auch von außen betreten kann, wenn die Markthalle geschlossen ist. In der Umgebung gibt es auch die unerlässlichen *Tapas*-Bars. Sie sind in hübschen, meist zweistöckigen Gebäuden mit lavadunklen Steinverzierungen untergebracht.

Über die geschäftige **Calle Mendizábel** auf der Schmalseite der Markthalle gelangt man auf die ruhige und von edlen Palästen gesäumte **Calle de Montes de Oca**, auch Montesdeoca geschrieben. Davon hat auch das attraktive **Restaurant Casa Montesdeoca** seinen Namen, das sich im vornehmen Palast eines reichen spanischen Juden eingerichtet hat. Schön – aber auch teuer – ist es, im angenehm kühlen, pflanzengeschmückten Innenhof eine echt kanarische Mahlzeit einzunehmen. Man kann aber auch nur ein Gläschen Wein an der gemütlichen Bar gleich links vom Eingang trinken.

Unmittelbar hinter der Bar befindet sich ein Geheimgang, der ursprünglich in die kleine, schlichte Kapelle **San Antonio Abad** 2 führte, die leider fast immer geschlossen ist. Sie wurde 1485 als erste Kirche von Las Palmas errichtet und im 18. Jh. in ihre heutige Form umgestaltet. Hier soll einst Kolumbus, der angeblich schräg gegenüber logierte, gebetet haben. Die Kapelle bildet eine hübsche Kulisse für die intime, mit Flusskieseln gepflasterte **Plaza de San Antonio Abad**. Ihre Westseite wird von der Rückseite des Kolumbus-Hauses, der **Casa Colón** 3 (Mo–Fr 9–19, Sa/So 9–15 Uhr, Fei geschl.) eingenommen. Die ›Schokoladenseite‹ der Casa Colón freilich befindet sich auf der gegenüberliegenden Seite. Das Gebäude ist zwar nicht ganz

TOP TIPP

original erhalten, wurde aber im historisierenden Stil ergänzt. Ursprünglich handelte es sich hier um zwei seperate Bauten: den spätgotischen Palast des Inselgouverneurs (*Casa del Gobernador*) und einen kleineren Privatpalast. Man nimmt an, dass Kolumbus im Jahr 1492, bevor er seine Entdeckungsfahrt nach Amerika unternahm, hier beim Gouverneur wohnte, als er eines seiner drei Schiffe reparieren lassen musste. Später nannte man den gesamten Gebäudekomplex *Haus des Kolumbus*. Zuletzt gehörte die Casa Colón dem berühmten spanischen Tenor Alfredo Kraus, der hier am 24. November 1927 zur Welt kam, aber bis zu seinem Tod 1999 auf Lanzarote und in Madrid lebte.

In der **Calle Colón** kann man das original erhaltene gotische Eingangstor bewundern, dessen monumentales Rahmenwerk mit reichen Steinmetzarbeiten geschmückt ist. Darüber ist das Wappen des Bischofs in die Wand eingelassen. Rechts und links des Portals, im zweiten Stockwerk, befinden sich schwere überdachte Holzbalkone.

Die Palastfassade zum brunnengeschmückten Platz **Plaza del Pilar Nuevo** weist ein Portal aus rauem, hellgrünem Lavastein mit Blattornamenten und zwei Hunden auf den seitlichen Konsolen auf. Im Unterschied zum original erhaltenen Portal an der Calle Colón ist dieses Tor eine historisierende Ergänzung von 1955, aus der Zeit als die beiden Gebäudekomplexe zusammengelegt wurden.

Ab 1952 baute der Inselrat die Casa Colón in mehreren Etappen zum **Museum** aus, wobei viel Wert auf den Erhalt der historischen Ausstattung gelegt wur-

In dieser kargen Kajüte an Bord der Santa María segelte Kolumbus Amerika entgegen

Die prachtvolle spätgotische Casa Colón weiß viele spannende Geschichten zu erzählen

de. Gotische Brunnen, Portale und Konsolen sind noch heute in den Innenhöfen zu bewundern. Die Säle weisen Kassettendecken aus Tea-Holz, dem harten, brandresistenten Kernholz der Kanarischen Kiefer auf. Insgesamt stehen dem Museum zwölf Säle sowie zwei große Innenhöfe für die Präsentation seiner vier umfangreichen Sammlungen zur Verfügung. Auf drei Stockwerke verteilt sind:

a) ›*Amerika vor der Entdeckung*‹ mit Exponaten aus präkolumbianischer Zeit;
b) ›*Kolumbus und seine Reisen*‹ mit Modellen und relevanten, zeitgenössischen Gegenständen;
c) ›*Kanarische Inseln: Strategische Enklave und Ausgangspunkt zur Neuen Welt*‹. Die vorteilhafte Lage des Archipels sowie die günstigen Passatwinde und Meeresströmungen machten die Inseln zu einem bedeutenden ›Verkehrsknotenpunkt‹ im Atlantik;
d) als Viertes beherbergt die Casa Colón die Sammlung ›*Geschichte und Entstehung der Stadt Las Palmas*‹, u. a. mit einem Modell und mit grafischen Dokumentationen zur Entwicklung der Stadt in ihrer mehr als 500-jährigen Geschichte.

Weitere Räume nehmen die kleine Bildergalerie mit Werken des 16.–19. Jh. auf (Leihgabe aus dem Prado, Madrid) sowie die Pädagogische Abteilung, Werkstätten, Hörsaal und Mehrzwecksaal.

Die rotwangige ›Jungfrau mit Kind‹ ist einer der Schätze des Diözesanmuseums

An der Plaza del Pilar Nuevo gewahrt man nicht nur einen Teil der Casa Colón, sondern blickt auch auf den Chor der Kathedrale. Geht man um diesen herum, stößt man in der Calle Espíritu Santo bald auf ein kleines Tor, das in einen Kreuzgang mit orangenbepflanztem *Patio* führt. Hier befindet sich ein Seiteneingang der Kathedrale und zugleich der Zugang ins **Museo Diocesano de Arte Sacro** 4 (Mo–Fr 10–16.30, Sa 10–13.30 Uhr). Das kleine Museum zeigt einige der bedeutendsten sakralen Kunstwerke der Insel. Hier steht etwa der **Cristo de la Sala Capitular**, der Christus des Kapitelsaals, wie das große Prozessionskruzifix aus grau und weiß gefasstem Holz genannt wird. Es stammt von Luján Pérez (1756–1815), dem kanarischen Hauptvertreter des Spätbarock. Der Fußboden des *Kapitelsaales* besteht aus kostbaren handgemalten Majolikafliesen von 1785: das Medaillon zeigt eine Blumenvase mit den Initialen E. C. für *Eglesia Canaria* (Kanarische Kirche) und ringsum Blumenmotive. In dem Saal sind auch kleinere Silberarbeiten aus dem 18. Jh., ein Elfenbeinkruzifix, eine vergoldete Silbermonstranz sowie eine silberne Votivlampe (17. Jh.) ausgestellt. Im oberen Bischofszimmer steht eine hohe *Holzskulptur* der Santa Catalina (16. Jh.) aus der ersten Kirche von Las Palmas, San Antonio Abad. Der schönste Raum des Museums mit Natursteinmauern und einer Decke aus Vulkanstein und Holz zeigt einige wenige, eindrucksvoll beleuchtete Schätze: die Statue ›**Virgen con el Niño**‹ (Maria mit Kind) aus dem 16. Jh., eine weitere Marienfigur des 17. Jh. sowie einen ›**San Roque**‹ (Hl. Rochus, 17. Jh.) aus dem Kloster Santo Domingo.

Nach der Museumsbesichtigung gelangt man vom selben Kreuzgang aus durch die schlichte *Puerta de Aire* aus der Renaissance in die **Catedral de Santa Ana** 5. Das Hauptportal wird normalerweise nur zur Messezeit geöffnet. Der Vorgängerbau der Kirche wurde gleich nach der Inbesitznahme durch die Spanier 1497 errichtet und nach einer Brandschatzung durch holländische Piraten Ende 18. bis Anfang 19. Jh. erneuert. Dank umfassender Restaurierung erstrahlt die Kathedrale seit 2002 in neuem Glanz.

Die dreischiffige, kreuzrippengewölbte Halle mit Seitenkapellen wird von Bündelpfeilern getragen, der Querarm ist nur leicht angedeutet, die Vierungskuppel

Gerahmt von grünen Palmen ist das Alte Rathaus ein repräsentativer Blickfang

niedrig. Die Gewölbe sind mit fantasievoll verschlungenen Kreuzrippen geschmückt. Unter der Vierungskuppel stehen Skulpturen der zwölf Apostel von Luján Pérez, vor dem Hochaltar hängt beiderseits je eine kleine Barockkanzel an den Bündelpfeilern. Die Chorapsis ist in einer ungewöhnlichen Stilmischung aus Spätgotik und Renaissance überwölbt und zeigt eine angedeutete Muschelform. Die linke Seitenkapelle birgt kostbare Silberarbeiten, die rechte eine eindrucksvolle, farbig gefasste Skulptur, ›**La Dolorosa**‹ (Die Schmerzensreiche) von Luján Peréz: Schwungvoll fällt der blaue, goldumrandete Mantel über das goldfarbene Kleid. Übrigens entstand auch die schwer wirkende, klassizistische Westfassade nach Plänen des berühmten Bildhauers und Architekten Luján Peréz.

Verlässt man die Kathedrale durch ihr Hauptportal im Westen, schaut man direkt auf die lang gestreckte **Plaza de Santa Ana**. An ihrem Anfang, mit Blick auf die Kathedrale, stehen acht lebensgroße schwarze Statuen kanarischer Hunde. Diesen Tieren verdanken die Inseln wahrscheinlich ihren Namen (lat. *canus* = Hund).

Schön, geradezu harmonisch, wirkt der steingepflasterte, laternen- und palmengeschmückte Platz, den einige Paläste umgeben. Die rechte Seite nimmt der eher schlichte Bischofspalast ein, der **Palacio Episcopal** 6 aus dem 16. Jh. in reinem schnörkellosen Renaissancestil. Da im Palast noch bischöfliche Amtsräume untergebracht sind, kann man nur das Hauptportal und bei geöffneter Pforte den Innenhof bewundern sowie um die Ecke entlang der *Calle Obispo Codina* die besonders schöne Umfassungsmauer des Gartens.

In der nordwestlichen Ecke steht die **Casa del Regente** 7, das Haus der Generalkapitäne, also der politischen wie militärischen Statthalter der Könige, mit einem sehr schönen Renaissanceportal. Links davon, am westlichen Ende des Platzes, befindet sich das Alte Rathaus, die **Casa Consistorial** 8, das nach einem Brand 1842 in schlichtem klassizistischen Stil wieder aufgebaut wurde. Das Gebäude dient heute nur noch repräsentativen Zwecken, weil es für die sprunghaft gewachsene Metropole zu klein geworden war und der Bürgermeister mitsamt Verwaltung in ein größeres Gebäude im Stadtteil Ciudad Jardín umzog.

Auf der linken Seite der Plaza de Santa Ana steht ein vornehmer Adelspalast (Haus Nr. 4), in dem heute das **Archivio Historico Provincial Joaquin Blanco** 9 untergebracht ist. Es ist die einstige Residenz von Don José de Viera y Clavijo

Ein hübscher Blickfang ist der kleine schmucke Pavillon am alten Waagplatz

(1731–1813), dem ersten bedeutenden Historiker der Kanaren. Rechts daneben erhebt sich ein strenges Jugendstilgebäude (Nr. 5) aus grüngrauem Klinker und schwarzem Lavastein.

Von der Plaza de Santa Ana führt die *Calle del Castillo* zur kleinen **Plazuela del Peso de la Harina** mit einem tempelartigen **Pavillon** ⑩ und Brunnen (19. Jh.). Auf dem Platz stand früher die alte Stadtwaage für Mehl. Wenn zu Ostern die hochverehrte Christusstatue aus der Kathedrale Santa Ana durch die Straßen getragen wird, ist der Pavillon der Wendepunkt der eindrucksvollen Prozession.

Wie im ganzen Viertel, so stehen auch entlang der Calle del Castillo ehrwürdigen Stadtpaläste grancanarischer Adelsfamilien. Die prunkvollen Gebäude sind meist saniert und warten mit architektonischen Besonderheiten auf. Haus Nr. 1 z. B. zeigt Fenster und Balkontüren, die mit herrlichen Lava-Steinmetzarbeiten geschmückt sind.

Westlich der Plazuela del Peso de la Harina, zwischen Calle Espíritu Santo und Calle Dr. Chil, steht das Kirchlein **Espíritu Santo** ⑪, die Heilig-Geist-Kirche, die sich durch ein schlichtes Renaissanceportal und einen offenen Glockenstuhl auszeichnet.

Die schmale Calle Dr. Chil führt zwischen gepflegten historischen Bauten mit geschnitzten Balkonen abwärts. Auf diesem Weg erreicht man bald darauf an der Ecke

TOP TIPP

Calle Dr. Verneau das bedeutendste Museum der Insel, das **Museo Canario** ⑫ (www.elmuseocanario.com, Mo–Fr 10–20, Sa/So 10–14 Uhr). Es wird von einer privaten Stiftung getragen, die keine Kosten scheut, daraus ein ›lebendiges Museum‹ zu machen. So findet man z. B. rechts vom Eingang die reich bestückte Bibliothek, die Schülern und Studenten für Recherchen zur Verfügung steht. Hier fehlt nichts, was mit der **Geschichte der Insel** und ihrer Bewohner zu tun hat. Obwohl die Museumsstiftung ein Nachbargebäude dazugekauft hat, reicht der Platz noch immer nicht aus, alle bereits ausgewerteten archäologischen Funde zu zeigen. So sind höchstens 30 % von ihnen ausgestellt. Die Darbietung ist angenehm übersichtlich, wird aber häufig verändert, so dass man hier die Ausstellung nicht

Das Museo Canario gewährt eindrucksvolle Blicke in die Vergangenheit Gran Canarias

verbindlich beschreiben kann. Darum seien nur die wichtigsten Exponate genannt. Sie stammen aus der Zeit vor der *Conquista*, der spanischen Eroberung.

In den zahlreichen Höhlen der Insel (allein 50 große *Granaros*, aus mehreren Höhlen bestehende Getreidelager, die wohl auch kultischen Zwecken dienten) fand man Webarbeiten aus pflanzlichen Fasern, Lederkleidung, Keramik und Steinwerkzeug sowie Lebensmittelreste.

Ebenfalls in diesen Höhlen, aber auch in *Tumuli* (Grabhügeln), entdeckte man balsamierte und mumifizierte Skelette mit reichen, häufig recht gut erhaltenen Grabbeigaben. Anhand der Schädelform konnten die Altkanarier dem Cromagnon- und dem protomediterranen Menschentypus zugeordnet werden.

Im Museum befindet sich auch ein eindrucksvoller Nachbau der **Cueva Pintada** bei Gáldar. Diese gilt als die schönste aus-

Die einstigen Herren der Insel

Rund 2000 Jahre lang lebten die Ureinwohner der Kanaren – heute **Guanchen** genannt – friedlich in ihren Höhlen und Steinhütten. Sie sollen von **berberischen Stämmen** abstammen und vielleicht um 500 v. Chr. mit Booten oder Flößen aus Nordafrika gekommen sein.

Die Altkanarier wurden auf den Inseln ansässig. Hier züchteten sie Ziegen und Schweine, bauten Gerste und anderes Getreide an. Zeitweise trieben sie Tauschhandel mit Phöniziern und Römern, die die Färberflechte **Orseille** für das Färben der königlichen Purpurroben benötigten.

Nach der Entdeckung Lanzarotes (1312) gierte die Krone von Aragón nach Land. Missionare suchten neue Betätigungsfelder und ließen sich auf den nördlichen Inseln nieder (1352–87). 1402 starteten die Spanier den ersten Versuch, Gran Canaria einzunehmen, die Eindringlinge wurden jedoch von den Ureinwohnern zurückgeschlagen. Erst 1478 wagte es der spanische Feldherr Juan Rejón, die standhaften Guanchen erneut anzugreifen.

Tenisor Semidán und Doramas, die beiden eigentlich verfeindeten **Guanarteme** (Guanchenkönige), Herrscher über Gáldar und Telde, schlossen sich angesichts der akuten Bedrohung zusammen. Mit Taktik, List und Mannesmut wehrten sich die Urbewohner Gran Canarias fünf Jahre lang erfolgreich. Im Jahr 1483 aber mussten sie der Übermacht und den Musketen der Spanier weichen.

Viele Guanchen wurden versklavt, wer sich retten wollte, trat zum Christentum über. Zwei Anführer sollen sich jedoch lieber vom Felsen der Fortaleza de Ansite [s. Nr. 36] in den Tod gestürzt haben, als sich den Spaniern zu ergeben.

Die letzte Freiheit: der Sprung in den Tod! Guanchen-Denkmal im Parque Doramas

Das Land wurde an die spanischen Soldaten verteilt, die binnen eines halben Jahres **heiraten** mussten, wollten sie Besitzer ihres Grund und Bodens bleiben. Bald war keine Witwe, keines der jungen Mädchen mehr unverheiratet, Kastilianer und Guanchen vermischten sich recht schnell.

Heute noch leben die Guanchen im Blut der **Kanarier** weiter, die es ablehnen, als Spanier bezeichnet zu werden. Seit dem Ende der Franco-Diktatur – diese hatte die Geschichte des kanarischen Archipels stets verleugnet – erinnern sich die Inselbewohner wieder ihrer Herkunft, beleben alte Sitten, machen aus dem Guanchen-Ringkampf, der **Lucha Canaria** [s. S. 114], einen Volkssport, essen **Gofio**, das gebrannte Kraftmehl der Ureinwohner, und geben ihren Kindern Guanchen-Namen.

gemalte Höhle der Altkanarier und kann seit Sommer 2006 wieder besichtigt werden [s. S. 60]. Die geometrischen Muster sind typische Motive der Guanchenkunst und geben bis heute Rätsel auf: Sind sie wirklich als Sippenzeichen, als eine Art Siegel, gedacht? In ihrer jeweiligen ›Zeichnung‹ sind sie jedenfalls Unikate.

Aus dem *Tumulo del Aguajero* bei Gáldar [Nr. 14] schließlich stammt wunderschöne Keramik aus dem 11. Jh. n. Chr., die den Einsturz des Grabhügels um 1930 praktisch unversehrt überstand (Exponate Nr. 242, 317 und 319).

Vom Museo Canario führt die *Calle Luis Millares* in wenigen Minuten zur angenehmen, von Indischen Lorbeerbäumen beschatteten **Plaza Santo Domingo**. Das umliegende Viertel mit seinen niedrigen, balkonverzierten Steinhäusern ist malerisch und auf dem hübschen Platz lockt ein kleiner Springbrunnen. So friedlich war es hier nicht immer: Im ausgehenden Mittelalter wurden auf dem Platz Scheiterhaufen errichtet. Im Auftrag der Inquisition ließen hier damals Dominikanermönche Ketzer hinrichten.

TOP TIPP Dominiert wird der Platz von der Kirche **Santo Domingo** 13. Das Gotteshaus aus dem 17. Jh. mit Erweiterungen (Fassade und Türme) aus dem 18. Jh. ist nur während der Messe geöffnet (am sichersten abends gegen 20 Uhr), aber sein Besuch lohnt sich. Die dreischiffige Basilika ist goldglänzend und reich ausgestattet. Der raumhohe Hauptaltar wirkt geradezu verspielt, die Enden der Seitenschiffe markieren reich mit Figuren und gedrehten Säulen geschmückte Altäre. Die Figuren rechts vom Altar stammen von Luján Pérez, viele andere in dieser Kirche werden ihm ebenfalls zugeschrieben.

Santo Domingo ist u. a. die Grablege einer der bedeutendsten Familien Gran Canarias, der Condes de la Vega Grande, die ihr imposantes Wappen aus schwarzem Basalt direkt vor dem Hochaltar platzieren ließen. Es ist dieselbe Familie, der ein Großteil der Ländereien im Süden der Insel gehört, auf denen heute die meisten ›Touristenburgen‹ stehen…

Die Kirche gehörte zum ehemaligen Kloster Santo Domingo (nicht öffentlich zugänglich), dessen Gebäude sich auf der Südseite der Plaza befinden.

Zurück zur Calle Dr. Chil und meerwärts schlendernd, hat man durch die erste Straße links, die Calle Reloj, einen schönen Blick seitlich rechts auf die zweitürmige Kathedrale und geradeaus auf das *Gabinete Literario* jenseits des *Barranco del Guiniguada*.

Geht man aber in die zweite Querstraße links vorbei an der Chorapsis der Kathedrale und dann rechts ein kleines Stück durch die *Calle de los Balcones*, trifft man rechter Hand auf einen klassizistischen Palast. Er wurde 1989 vollkommen entkernt und besitzt heute ein modernes Inneres. TOP TIPP Der Palast beherbergt das interessante **Centro Atlantico de Arte Moderno** 14 (Di–Sa 10–21, So 10–14 Uhr, Tel. 902 31 18 24, www.caam.net). Aufgabe dieses zeitgenössischen Kulturzentrums ist es, Gran Canaria als Angelpunkt der Kulturen zwischen Europa, Amerika und Afrika darzustellen. Schwerpunktmäßig ist hier spanische und internationale Kunst der Moderne zu sehen. Darüber hinaus zeigt man aber auch internationale Wechselausstellungen, die zum Thema des Kulturzentrums passen. Eine große *Bibliothek* sowie ein *Dokumentations- und Studienzentrum* (mit Multimedia) sind angegliedert und stehen Besuchern zur Verfügung. Ferner werden Unterrichts begleitende Seminare für Schüler und Lehrer angeboten.

Zuständig für den Ausbau des Palastes und zugleich erster Direktor des **CAAM**, wie es von Insidern genannt wird, war der in Spanien berühmte Bildhauer *Martín Chirino* (* 1925). Über die Architektur des Zentrums, entworfen von dem Basken

Das CAAM begeistert Freunde moderner Kunst und Architektur gleichermaßen

Wunderschöne Häuserzeilen säumen die Fußgängerzone in der Calle Mayor de Triana

Saenz de Oiza, geriet Chirino immer wieder in Begeisterung. Verständlich, denn er sah darin die gelungene Verbindung von kanarischer Bauweise und Architektur des 20. Jh. So reihen sich die modernen Ausstellungssäle um einen typisch kanarischen Patio. In einen zweiten Innenhof setzte Oiza einen hohlen Kubus, der auf vier Stockwerken weitere Räume mit Kunstwerken beherbergt. Bekrönt wird der klassizistische Palast von einem gläsernen *Dachgeschoss* mit zwei auffälligen Satteldächern. Von hier oben hat man einen herrlichen Blick auf die Altstadt und das Meer. Die Geländer sind weiß gestrichen und erinnern an die Reling eines Schiffes – »die Atlantik-Idee« nannte es Chirino, der bis 2002 Direktor des Kulturzentrums war.

Der Eintritt für das CAAM ist frei. Nach Chirinos Wunsch »soll jeder hineinspazieren können und bereits nach einer Stunde ein Gefühl für die Moderne bekommen«.

Inzwischen existieren bereits zwei Außenstellen des CAAM, in denen Wechselausstellungen zeitgenössischer Kunst zu sehen sind: In einem Nachbarhaus des Hauptgebäudes befindet sich eine Galerie, die nach ihrer Adresse, **›Balcónes 9‹** (Di–Sa 10–21, So 10–14 Uhr), benannt ist. Ein weiterer Ausstellungsort ist die **Sala San Antonio Abad**, an der Plaza San Antonio Abad (Öffnungszeiten s. o.).

Vom CAAM aus geht der Weg nun Richtung Meer, die erste Gasse links bis zur Calle Mendizábel und dann am Markt vorbei zur Plaza del Mercado zurück, dem Ausgangspunkt des sicher anstrengenden, aber doch schönen Altstadtbummels. Für eine Pause bieten sich hier zahlreiche gute, wenn nicht gar die besten Tapas-Bars der Stadt an. Übrigens sollte man vor der Bestellung nach den Preisen fragen, denn die Besitzer schlagen sie manchmal gar nicht erst an, dann aber bei Touristen zu …

Nach der Rast geht man in Höhe der Markthalle nach Norden auf das **Teatro Galdós** 15 zu. Das wohl renommierteste Theater Gran Canarias soll im Frühjahr 2007 nach umfassenden Restaurierungsarbeiten wieder für Theater- und Opernaufführungen zur Verfügung stehen. Mit dem Bau des Schauspielhauses wurde bereits 1852 begonnen, doch erst zu Beginn des 20. Jh. konnte es von Miguel Martín Fernández de la Torre fertig gestellt werden. Die Fresken im Inneren des Gebäudes schuf der Bruder des Architekten, Néstor Martín Fernández de la Torre (1888–1938), einer der bedeutendsten Maler des Symbolismus auf Gran Canaria. Gewidmet ist das Theater dem Dichter Benito Pérez Galdós, der in einem nahen Haus 1843 das Licht der Welt erblickte. Er starb 1920 in Madrid.

Triana

Ein Stück westlich vom Theater beginnt die beliebte Flaniermeile **Calle Mayor de**

Schönheiten vergangener Epochen bewahren die liebevoll restaurierten Fassaden der Calle Mayor de Triana

Triana 16. Eine bunte Mischung aus mehr oder weniger schicken Kaufhäusern, kleinen Tabakläden, eleganten Boutiquen, Banken und Filialen internationaler Modemarken säumt die Fußgängerzone. Dank umfassender Sanierungsmaßnahmen in den 1990er-Jahren bezaubern viele der Fassaden mit üppigem Dekor und sind kunterbunt bemalt.

Vom Theater kommend, lohnen sich Abstecher Richtung Hügel zur **Plaza Mendoza** mit ihren zahlreichen Cafés und zur **Calle Peregrina**, in der hübsche Häuser mit zierlichen Holzbalkonen (18. Jh.) zu sehen sind. Hier haben sich kleine Boutiquen, Antiquitäten- und Schmuckläden eingerichtet.

Die *Calle Remedios* führt zur dreieckigen **Plaza Cairasco** mit ihren hohen Palmen und dem Denkmal für den Dichter Bartolomé Cairasco de Figueroa (1538–1610). Es steht vor einem der ältesten Theater der Stadt (Mitte 19. Jh.). 1884 wurde das Schauspielhaus in das **Gabinete Literario** 17 umfunktioniert, eine Mischung aus Klub und Literatursalon. Die hohe Glaskuppel über der Eingangshalle, von der eine doppelläufige Treppe schwungvoll nach oben führt, wirkt wahrlich theatralisch. In dem hübschen Bau existiert noch immer ein privater Klub mit Empire-Ballsaal und Salons, Bibliothek und Lesezimmer. Man wird von livrierten Kellnern freundlich bedient – alles ganz traditionell sowie recht teuer. Und dies, obwohl das Haus inzwischen der Inselregierung gehört, dem *Cabildo Insular*.

Rechts vor dem Gabinete Literario befindet sich das altehrwürdige **Hotel Mad-**

Der Weg nach oben führt im Gabinete Literario in literarische Höhen oder ins sog. Casino

rid 18, in dem 1936 General Franco auf seinem Weg nach Marokko übernachtet haben soll, bevor er den Spanischen Bürgerkrieg begann. Gar nicht historisch sind die Plastikmöbel vor dem kleinen, innen holzgetäfelten Hotel, aber dennoch ist es ein schöner, einladender Platz für eine Kaffeepause.

Links hinter dem Gabinete Literario führt die *Calle General Bravo* in wenigen Schritten auf die Kirche **San Francisco** 19 zu, die nur zur Messe geöffnet ist. Ihre ›**Virgen de la Soledad**‹ (Jungfrau der Einsamkeit) wird von den Canarios sehr verehrt, weil sie die Gesichtszüge der Klostergründerin Königin Isabella I. tragen soll. Die kleine Kirche ist wegen ihres Portals (17. Jh.) und ihrer *Mudéjar*-Decke sehenswert. Sie gehörte einst zu einem Franziskanerkloster und ist dessen einziges Überbleibsel.

An der Rückseite des Gabinete Literario zweigt rechts die schmale Calle Malteses ab. In der zweiten Querstraße links, der *Calle Cano*, steht gleich rechts (Haus Nr. 6) die **Casa Museo Pérez Galdós** 20 (wegen Umbau und Erweiterung bis Ende 2006 geschl., vorraussichtliche Öffnungszeiten Mo–Fr 9–19 Uhr). Das Geburtshaus des Romanciers und Dramatikers Benito Pérez Galdós (1843–1920) ist mit vielen Einrichtungsgegenständen, die auch aus seinen diversen Wohnungen auf dem Festland stammen, liebevoll als Museum gestaltet. Neben seinen Möbeln sind auch die private Bibliothek, die Briefesammlung sowie Alben mit Zeichnungen und Manuskripten des Schriftstellers ausgestellt. Hier kann man sich ein gutes Bild von der einstigen Wohnkultur in Triana machen.

Ebenfalls in der Calle Cano, im Haus Nr. 24, befindet sich die **Libreria del Cabildo** (Buchhandlung der Inselregierung), in der Interessenten fast alles an *Literatur* finden, was über Gran Canaria und die Kanaren publiziert wurde. Auch Kunstbücher und Nachdrucke alter Schriften zu Geschichte und Kultur, Wanderführer und Karten gibt es hier in großer Auswahl zu kaufen.

Parallel zur Calle Cano verläuft die *Calle Mayor de Triana*. Am Ende der Fußgängerzone lädt der hübsche Platz **Parque San Telmo** mit seinen riesigen, großblättrigen Gummibäumen und schönen Palmen zu beschaulicher Rast ein.

Gleich an seinem Anfang steht die kleine Kapelle **San Telmo** 21. Sie ist dem Schutzpatron der Seeleute und Fischer

Als Oase der Ruhe im Großstadttrubel lockt der Parque San Telmo mit Jugendstil-Kiosk

geweiht und Ausgangspunkt der *Prozession am Palmsonntag*. Die zauberhafte, einschiffige Kapelle aus dem 17. Jh. mit offenem Dachstuhl dient als *Pfarrkirche* von Triana. Sie besitzt drei imposante, reich geschmückte Barockaltäre mit salomonischen, gedrehten Säulen und im Chor eine herrlich gearbeitete, farbig gefasste und vergoldete Holzdecke, von der kleine Segelboote als Votivgaben der Fischer herabhängen.

Gegenüber der Kapelle steht ein kleiner Zeitungskiosk aus der Zeit um 1900. Am anderen Ende des Parks lockt ein größerer, hübscher **Kiosk** mit maurisch anmutender, farbenfroher Jugendstil-Dekoration aus Majolikafliesen und bunten Mosaiksteinchen – eine wahre Augenweide! Hier kann man auch sitzen und z. B. ein Eis, einen Kaffee oder ein Bier in Ruhe genießen. An warmen Tagen werden ein paar Tischchen ins Grüne gerückt.

Ciudad Jardín

Im 19. Jh. begann sich Las Palmas nach Norden in Richtung Puerto de la Luz auszudehnen. Vom Parque San Telmo nimmt man nun am besten den Bus oder ein Taxi und fährt Richtung *Santa Catalina-Viertel*.

Wer gut zu Fuß ist, kann aber auch entlang der Meerespromenade etwa bis zur Höhe der langen Mole des Sporthafens (*Muelle Deportivo*) nach Norden schlendern und gegenüber die wenigen Schritte, über die vielbefahrene Calle Castillo y León hinweg, zum **Parque Doramas** gehen. Dieser liegt am westlichen Rand der *Ciudad Jardín* mit ihren hübschen kleinen Villen und schmalen, schattigen Straßen. Im Park erinnert das eindrucksvolle **Guanchen-Denkmal** 22 [s. S. 27] an die Ureinwohner Gran Canarias.

Hinter dem Park steht das älteste Nobelhotel der Stadt inmitten von haushohen Palmen (1880 errichtet, 1904 und 1953 umgestaltet). Nach umfassender Restaurierung und Modernisierung im Jahre 1997 erstrahlt das **Hotel Santa Catalina** 23 [s. S. 38] wieder in altem Glanz: Ein wenig ›kanarischer Stil‹, ein wenig ›Old Britain‹, wie es sich die Engländer für ihre Villenkolonie *Ciudad Jardín* wünschten, dazu ein bisschen Zuckerbäckerstil. Aber sympathisch ist es, mit dunkler Holztäfelung, Marmor und lüstergeschmücktem Ballsaal. Man sollte das Hotel wenigstens einmal zum Tee oder auf einen Drink besuchen, um die angenehm-nostalgische Atmosphäre zu genießen. Im linken Seitenflügel ist das **Casino Las Palmas** (www.casinolaspalmas.com, So–Do 20–4, Fr/Sa bis 5 Uhr) untergebracht, das man durch einen eigenen Eingang betritt.

Wiederum links vom Casino bildet einmal pro Woche das **Pueblo Canario** 24 ›Kanarisches Dorf‹ (So 11.30–13 Uhr) den Mittelpunkt des touristischen Interesses, wenn *Folkloregruppen* in farbenprächtigen Kostümen traditionelle Tänze vorführen. Die beiden Souvenirläden vor Ort profitieren nicht schlecht davon, ebenso das gemütliche Café-Restaurant im Haus.

Weniger beachtet wird das Museum genau gegenüber, das dem Initiator des Pueblo Canario gewidmet ist: das **Museo Néstor** 25 (Di–Sa 10–20, So 10.30–14.30 Uhr). Der stark vom Symbolismus geprägte Maler und Architekt Néstor Martín Fernández de la Torre (1887–1938) entwickelte bereits in den 1930er-Jahren die Idee eines umweltschonenden Tourismus, der seine schöne Insel den Besuchern zugleich folkloristisch näherbringen sollte. Deshalb ließ Néstors Bruder, der Architekt Miguel Martín Fernández de la Torre, ab 1939 für ihn ganz in seinem Sinne und nach seinen Aquarellzeichnungen das Pueblo Canario für Folkloredarbietungen erbauen. 1956 folgte die Einweihung des Museums, 1987 die der Galerie Kanarischer Gegenwartskunst innerhalb des Hauses. In der Rotunde gegenüber dem Eingang sind einige Meisterwerke Néstors ausgestellt, so etwa der Zyklus ›Poem Erde‹ von 1928–38. Auch das ›Atlantik-Poem‹ ist zu sehen. Dieser Gemäldezyklus zeigt das Meer im Wandel von Ebbe

Mitreißend geht es bei den traditionellen Tänzen im Pueblo Canario zu

Der Jachthafen bietet den Skippern alles – und für Besucher stets ein buntes Bild

und Flut, Sturm und Windstille, Sonnenschein und Dunkelheit. Er ist 1913–23 in Paris entstanden. In Saal 10 werden Néstors Entwürfe von Opernkostümen aufbewahrt sowie die Architekturzeichnungen für das Pueblo Canario und den *Parador* (Albergue) am Cruz de Tejeda [Nr. 44]. Beide Projekte konnten erst nach dem Tod des Künstlers vollendet werden.

Das Wegstück zwischen der Ciudad Jardín und dem Stadtteil Santa Catalina, umgeht oder umfährt man besser. Die Strandpromenade übrigens verbindet den **Jachthafen** mit dem Sporthafen und dem riesigen Passagier- und Handelshafen Puerto de la Luz.

Santa Catalina

Unweit der Base Naval liegt die geschäftige *Avenida Mesa y Lopez* mit den beiden Gebäuden von **Corte Inglés** 26, der bekanntesten Warenhauskette Spaniens. In über 200 Abteilungen gibt es hier alles nur Erdenkliche zu kaufen: Mode und Elektronik, Lebensmittel und traditionelles Kunsthandwerk u. v. m. Ein Dolmetscherservice ist den internationalen Kunden behilflich.

Die Avenida bildet die Grenze zwischen *Alcaravaneras* und *Santa Catalina*. Der nahe Platz **Parque Santa Catalina** 27 ist das heftig schlagende Herz dieses Stadtteils, baumbeschattet und großzügig gestaltet mit zahlreichen Cafés und Bars. Schon frühmorgens trinken die ersten Stadtbewohner hier ihren ›kurzen‹ starken *Café* oder einen *Cortado* (mit etwas Milch) bzw. einen *Café con leche* (Milchkaffee), lassen sich dazu eine Kleinigkeit zu essen zubereiten und einen frischen Orangensaft von den köstlichen Inselfrüchten pressen. Hinter den Cafés stehen bei fast jedem Wetter kleine Spieltische, an denen meist ältere Männer Domino oder Schach spielen – an Zu-

Ein kleines Spielchen unter Freunden wird am Parque Sta. Catalina geschätzt

Die Sonne in vollen Zügen genießen und im herrlichen Meerwasser baden, nach diesem Motto besuchen Einheimische wie Touristen gern die Playa de las Canteras, den kilometerlangen, feinen Sandstrand von Santa Catalina

schauern mangelt es nicht. Zeitungskioske und Stände mit Souvenirs (vor allem Lederwaren) ergänzen das Angebot. Und zur *Festivalszeit* Januar/Februar (ausgenommen Karneval) finden sonntagmorgens unter einer Gruppe alter, Schatten spendender Bäume klassische Konzerte statt.

Südlich des Parque Santa Catalina findet am Sonntagvormittag der **Flohmarkt** (*Rastro*) statt. In dieser Gegend zeigt Las Palmas bereits sein zeitgenössisches Gesicht, denn 1996 wurde hier das postmoderne **Edificio Urbis** 28, das Gebäude der spanischen Bank Banesto eingeweiht. Die Fassade prunkt mit weißem, hell- und dunkelgrauem Marmor, großen Spiegelfenstern und den knalligen Hausfarben der Bank (Blau und Rot).

Ebenfalls 1996 wurden zwischen Parque Santa Catalina und Hafen zwei historische **Lagerhäuser** 29 für kulturelle Zwecke umgestaltet, eines mit einer – architektonisch geradezu waghalsig in den historischen Kern eingelassenen – Parkgarage. Der Komplex beherbergt u. a. das Technik- und Wissenschaftsmuseum **Museo Elder** (Di–So 10–20 Uhr, www.museoelder.org). Auf fast 7000 m² widmet sich die Ausstellung den großen wissenschaftlichen Erfindungen und technologischen Entwicklungen der Menschheit, z. B. der Raumfahrt. Das Museum legt besonders viel Wert auf Interaktivität – von 220 Ausstellungsobjekten können 200 nicht nur betrachtet, sondern auch angefasst und ausprobiert werden.

Zur **Karnevalszeit** werden die Fassaden der Lagerhäuser in die meist sehr prachtvollen Festkulissen integriert. Die Gegend wird zum Herzstück des Karnevalstreibens von Las Palmas, für das sich die kilometerlange Promenade als Laufsteg für die kunstvoll Kostümierten besonders gut eignet.

Der Platz Parque Santa Catalina ist zum Hafen hin geöffnet und Fußgänger können von hier zum supermodernen, im Jahr 2004 vollendeten Einkaufszentrum *El Muelle* schlendern. Ganz in der Nähe soll an der engsten Stelle, also am Isthmus, das Freizeit- und Einkaufsviertel *La Gran Marina* als Verbindung zwischen Hafen und Las Canteras entstehen. Auch ein gigantisches Wohn- und Geschäftshochhaus ist geplant. Es soll das jetzige Wahrzeichen der Stadt, das Hotel **AC Gran Canaria** 30 (ehem. Los Bardinos), ersetzen, das mit seinen 25 Stockwerken dann wohl architektonisch ›zum alten Eisen‹ gehören wird.

Hafen und Isleta

Ausgangspunkt für einen Rundgang mit Hafen und Isleta ist der Markt **Mercado del Puerto** 31 (Mo–Do 8–14.30, Fr/Sa bis 15 Uhr) mit seiner gusseisernen Konstruktion, die die französische Firma *Eiffel* an der Wende des 19. zum 20. Jh. errichtete. Von hier aus kann der Besucher seinen Bummel über die einladende Allee zum Hafen fortsetzen, der sich rechter Hand erstreckt. Gegenüber dem **Muelle Pesquero** (Fischermole) steht fast geduckt das **Castillo de la Luz** 32 umgeben von einem öffentlichen Park mit Rosengarten. Wie auch das im Süden gelegene *Castillo de San Francisco* diente es einst dem Schutz der jungen Stadt vor Piratenüberfällen und Angriffen feindlicher Mächte. Die hiesigen Befestigungsanla-

ge der Isleta wurde kurz nach der Eroberung der Insel 1474 fast 8 km nördlich des alten Stadtkerns von Vegueta erbaut. Nach gekonnter Restaurierung bietet das Castillo heute einen schönen Rahmen für Wechselausstellungen (meistens nur für die Ausstellungsdauer geöffnet).

Am **Puerto de la Luz** (1883), der dank umfassender Modernisierung mittlerweile weitgehend den üblichen Standards entspricht, beginnt der **Handelshafen** 33 mit seiner überdimensional langen Mole. Die Hafenanlage darf auf Anfrage in Gruppen oder einzeln besichtigt werden (Informationen beim Touristenamt an der Playa de las Canteras). Am interessantesten ist ein Besuch im Winterhalbjahr, wenn vor allem Tomaten und Bananen für den Export gelagert und eingeschifft werden.

Hinter den Lagerhallen öffnet sich das **Hafenviertel**, in dem schnurgerade Straßen mit einfachen Wohnhäusern und zahlreichen Kneipen (auch gute Fischrestaurants!) einen recht gemütlichen Eindruck vermitteln. Meiden sollte man allerdings das sich anschließende Armenviertel, es ist sanierungsbedürftig und für Besichtigungstouren nicht geeignet.

Der größte Teil der einstigen Insel **La Isleta** steht heute übrigens unter Naturschutz und wird nicht mehr bebaut.

TOP TIPP Playa de las Canteras

Am schönen Sandstrand der **Playa de las Canteras** 34 auf der Westseite des Isthmus, dem Zentrum des Tourismus von Las Palmas, kann man herrlich sonnenbaden und schwimmen. Die *Barra*, ein künstliches, vorgelagertes Riff, schützt den Strand vor hohem Wellengang. Zum Flanieren lädt eine 3,8 km lange, autofreie und von Palmen beschattete Promenade ein. Sie wird von Cafés, Bars und Restaurants gesäumt und von zahlreichen Hotels und Apartmentanlagen überragt. Einige der Häuserwände wurden im Auftrag der Stadtverwaltung von Inselkünstlern mit Meeresmotiven (Delfinen, Fischen und Möwen) bemalt.

Jenseits der Hotelzone kann man das **geschäftige Treiben** einer echten Hafenstadt genießen – mit endlos vielen Lokalen, Nachtklubs sowie Läden, die angeblich zollfreie, jedenfalls meist preiswerte Ware feilbieten.

Wie bunte Mosaiksteinchen schillern die Fassaden der verschachtelten Häuser von San Juan

Auf der Terrasse des Paradehotels **Reina Isabel** 35 direkt an der Hafenpromenade sollte man sich eine Kaffeepause gönnen. Denn mit der gediegenen Hotelhalle im Rücken und dem Meer im Visier kann man wunderbar die anderen Gäste und Passanten beobachten!

Wie eine maurische Festung mit hohen Mauern und schießschartenartigen Fenstern thront am südwestlichen Ende der Playa de las Canteras das 1997 eröffnete **Auditorio Alfredo Kraus y Palacio de Congresos de Canarias** 36 (Führungen in der Regel Mo–Fr 12, So 11.30 Uhr,

Dem Meer geweiht: das mächtige Konzert- und Kongresszentrum Alfredo Kraus

Anmeldung empfohlen, Tel. 928 49 17 70, www.auditorio-alfredokraus.com). Benannt ist das mächtige Konzert- und Kongresszentrum nach *Alfredo Kraus*, (1927–1999), dem international bekannten Tenor, der in der Casa de Colón [s. S. 22] von Las Palmas geboren wurde.

Ein Anliegen des katalanischen Architekten *Óscar Tusquets* war es, den Bau in eine enge Verbindung zum wenige Schritte entfernten Meer zu setzen. So bekrönte er etwa die nüchterne Fassade mit einem Turm, der mit seiner weißen Kuppel auf gläsernem Tambour an einen Leuchtturm erinnert.

Auch das Innere des Auditoriums ist aufs Meer ausgerichtet: Der spektakuläre **Konzertsaal** besitzt direkt hinter der Bühne ein 100 m^2 großes halbrundes Fenster, das den Blick auf die endlose Weite des Atlantiks freigibt. Zur maritim geprägten **Ausstattung** des Hauses gehören auch Skulpturen, die in Zusammenarbeit mit dem grancanarischen Bildhauer *Juan Bordes* entstanden. Fische und Muscheln, Krabben und Meerjungfrauen aus Aluminium, Stahl, Bronze und Holz tummeln sich in und um das Gebäude.

Zum Komplex gehören ferner 11 mit modernster Technik ausgestattete Säle, in denen zahlreiche internationale Kongresse und Kulturveranstaltungen stattfinden. Jedes Jahr im Januar ist der Konzertbau Schauplatz des renommierten **Festival de Música de Canarias** [s. S. 130]. Gerade was die Klassische Musik betrifft, blickt Gran Canaria auf eine lange Tradition zurück, denn in Las Palmas wurde 1845 die erste Philharmonische Gesellschaft Spaniens gegründet.

Los Riscos

Schon um 1800 ließen sich reiche Grancanarios in den Hügeln oberhalb von Vegueta und Triana nieder. Ihre Häuser standen meist alleine und waren von großen Gärten umgeben. Ab der Mitte des 19. Jh. entstanden in dieser Gegend jedoch auch zahlreiche Wohnsiedlungen für Zuwanderer aus den Dörfern.

Heute sind die meisten dieser Viertel saniert und mit ihren alten, bunt bemalten Häusern und hübschen Plätzen sehr sehenswert. Sie erinnern mit ihrer engen Bauweise stark an maurische *Kasbahs*. **Los Riscos** nennen die Grancanarios jene Siedlungen in Hanglage. Jede einzelne von ihnen trägt den Namen eines Heiligen, z. B. San Bernardo und San Lázaro, San Antonio, San Juan und San Roque.

Faszination und Feuer des Flamenco

Neuzeitliche Ergänzungen zum Stadtgebiet von Las Palmas sind gesichtslose Wohngebiete wie Escaleritas westlich der Ciudad Jardín.

i Praktische Hinweise

Information

Cabildo Insular de Gran Canaria, Patronato del Turismo, Calle León y Castillo 17, Las Palmas, Tel. 928 21 96 00, Fax 928 21 96 01, www.grancanaria.com

Informationsbüros, Playa de las Canteras, Las Palmas, Tel. 928 26 46 23 und am Flughafen, www.laspalmasgc.es

Bus

Estación de Guaguas, zentrale Station für die Inselbusse der Gesellschaft *Global* (Fahrpläne, Tarife etc. auch unter www.globalsu.net) Las Palmas, gegenüber dem Parque San Telmo.

In Las Palmas selbst fahren Busse der Gesellschaft *Guaguas Municipales* (www.guaguas.com) in dichter Folge. Zwischen Hafen bzw. dem Stadtteil Santa Catalina (Parque Santa Catalina) und der Altstadt/Triana (ab Teatro Galdós) verkehren die Busse Nr. 1 und 2 sowie als Schnellverbindung Nr. 12, der einen Großteil der Strecke über die Stadtautobahn/Avenida Marítima fährt.

Residieren und spielen im wunderschön renovierten Traditionshaus ›Santa Catalina‹

Nachtleben

Casino Las Palmas, Hotel Santa Catalina, Las Palmas, Tel. 928 23 39 08, So–Do 20–4, Fr/Sa bis 5 Uhr

Coto Cinco Estrellas, im Hotel Meliá Las Palmas, Las Palmas. Discothek mit populärer Tanzmusik. Publikum ab 30, tgl. 23–5 Uhr.

Hotels

Top Tipp *****Santa Catalina**, Calle León y Castillo 227, Las Palmas, Tel. 928 24 30 40, Fax 928 24 27 64, www.hotelsantacatalina. com. Wunderschön renoviertes Traditionshaus. Etwas für Stadt-Fans, weil es näher zur Altstadt als zum Strand liegt, aber dafür gegenüber dem Jachthafen. Zu den Annehmlichkeiten gehört auch ein Spa-Center.

*****Meliá Las Palmas**, Calle Gomera 6, Las Palmas, Tel. 928 26 80 50, Fax 928 26 84 11, www.melialaspalmas. solmelia.com. Großzügiges Hotel am Las Canteras-Strand. Pool auf windgeschützter Terrasse. Sehr gutes Restaurant. Abends Piano-Bar, später Diskothek.

****AC Gran Canaria**, Calle Eduardo Benot 5, Las Palmas, Tel. 928 27 00 00, Fax 928 22 91 39, www.ac-hoteles.com. Weithin sichtbarer Hotelturm (ehem. Los Bardinos) zwischen Passagierhafen und Las Canteras. Pool mit einzigartigem Rundumblick auf dem Dach, Restaurant im 24. Stockwerk.

****Concorde**, Calle Tomás Miller 85, Las Palmas, Tel. 928 26 27 50, Fax 928 26 57 74, www.hotelconcorde.org. Sehr beliebtes Hotel in einer nicht gerade ruhigen Ecke 50 m von der Playa de las Canteras. Pool auf dem Dach.

****Imperial Playa**, Calle Ferreras 1, Las Palmas, Tel. 928 46 88 54, Fax 928 46 94 42, www.nh-hoteles.es. Angenehmes Hotel am nördlichen Ende von Las Canteras mit Blick über den gesamten Strand.

****Reina Isabel**, Calle Alfredo Jones 40, Las Palmas, Tel. 928 26 01 00, Fax 928 27 45 58, www.bullhotels.com. Traditionsreiches Haus direkt an der Playa de las Canteras mit eigenem Strandbereich und Pool auf dem Dach.

****Tryp Iberia**, Calle Alcalde José R. Bethencourt 8, Las Palmas, Tel. 928 36 11 33, Fax 928 36 13 44, www.trypiberia.solmelia.com. Gepflegtes Stadthotel im Regierungsviertel nahe Triana, günstig gelegen auch zum Golfplatz und zum Flughafen.

***Hotel Parque**, Muelle de Las Palmas 2, Las Palmas, Tel. 928 36 80 00, Fax 928 36 88 56, www.hparque.com. Direkt am Parque San Telmo und nahe der Busstation gelegenes, freundliches Hotel.

***Hotel Tenesoya**, Calle Sagasta 98, Las Palmas, Tel. 928 46 96 08, Fax 928 46 02 79, www.hoteltenesoya.com. Angenehmes Hotel am Las Canteras-Strand. Einige

Zimmer bieten direkten Meerblick, alle sind hübsch renoviert und gut ausgestattet. Kein Restaurant im Haus.

*__Madrid__, Plaza de Cairasco 4, Las Palmas, Tel. 928 36 06 64. Historisches Hotel im Stadtteil Triana. Ruhige Lage. Café im Freien.

Restaurants

Amigo Camilo, Las Canteras s/n (am nördlichen Ende des Strandes gegenüber dem Parkhaus mit dem Windspiel von Manrique), Las Palmas. Die einstige urige Fischerhütte wich mittlerweile einem festen Gebäude mit Panoramaterrasse mit Blick auf Las Canteras und Isleta. Die Küche ist nach wie vor köstlich: Man sucht den frischen Fisch aus, lässt ihn wiegen und nach Wunsch zubereiten, entweder gebraten (a la plancha) oder ausgebacken (frito) (Di–Sa mittags und abends, So nur mittags).

Archipiélago, Calle Prudencio Morales 13/Paseo de Las Canteras, Las Palmas. Am nördlichen Ende des Las Canteras-Strandes mit Blick auf das Meer gelegenes Terrassen-Restaurant mit *Tapas*-Bar. Sehr freundlicher Service, gute Fischgerichte und andere lokale Spezialitäten; relativ preiswert. Es gibt auch halbe Portionen.

Casa Carmelo, Paseo de Las Canteras 2, Las Palmas, Tel. 928 46 90 56. Freundliches Grillrestaurant am nördlichen Ende des Las Canteras-Strandes gelegen, spezialisiert auf Fleischgerichte.

Kanarische Köstlichkeiten von meisterlicher Hand frisch zubereitet

Casa de Galicia, Carrer Salvador Cuyas 8, Las Palmas, Tel. 928 27 98 55. Gemütliches, doch teures echt-galizisches Fischrestaurant in bester Lage nahe Las Canteras.

TOP TIPP **Casa Montesdeoca**, Carrer Montesdeoca 10, Las Palmas, Tel. 928 33 34 66. Angenehmes Lokal im Innenhof eines historischen Hauses mitten in Vegueta. Nette Bar im Eingangsbereich (So geschl.).

El Anexo, Carrer Salvador Cuyas 10, Las Palmas, Tel. 928 27 26 45. Kleines, etwas preiswerteres Restaurant. Spezialität ist Paella (So geschl.).

Speisen im Grünen: der pflanzengeschmückte Innenhof des Restaurants Casa Montesdeoca

Der Nordosten – geruhsame Ländlichkeit

Vom weit ins Meer hinausreichenden Las Palmas de Gran Canaria ins Inselinnere zu fahren, um den Nordosten zu erkunden, das heißt in kürzester Zeit einen Riesensprung zu machen von dichter Urbanität aufs sprichwörtliche Land. Was nicht nur Landwirtschaft und Dörfliches bedeutet, sondern auch wilde, scheinbar unberührte Natur wie Vulkankrater und tiefe Schluchten, Dörfer und Städtchen mit gut erhaltener, typisch kanarischer Bausubstanz und einer erstaunlichen Fülle an Kirchenschätzen.

Die ausgewählte Route führt zunächst entlang der Küste nach Westen und dann über häufig baumbestandene, kurvenreiche Straßen ins Hinterland nach **Arucas**, in die Stadt der Steinmetze, die sich den höchsten Kirchturm der Insel aus ihrem berühmten, blauschwarzen Basalt leistete. **Teror** ist das Zentrum der Marien-Verehrung mit seiner traurig-schönen ›Nuestra Señora del Pino‹. **Vega de San Mateo** wird allsonntäglich zum Besuchermagnet wegen seines bunten Marktes und in **Santa Brígida** könnte man sogar für längere Zeit Station machen, denn das luxuriöse Hotel gleichen Namens bietet Komfort pur in ruhiger, recht britischer Atmosphäre. Der nahe Vulkankrater von **Bandama** lockt zum Wandern, Sportliche finden in seiner Nähe den Golfplatz und in **Tafira Alta** schlagen Botanikerherzen höher beim Besuch des Jardín Canario.

2 Arucas

Die Stadt der blauschwarzen Basaltsteine und der berühmtesten Steinmetze Gran Canarias, die sich mit ihrer Pfarrkirche eine wahre Kathedrale geschaffen haben.

Man verlässt Las Palmas durch den Straßentunnel Richtung Agaete und folgt der fast durchgehend vierspurig ausgebauten GC-2 westwärts. Nach knapp 9 km führt eine Abzweigung nach Arucas, das schließlich nach weiteren 4 km erreicht ist.

›Hauptstadt der Bananen‹ nennt sich die vorspanisch *Arehucas* genannte Stadt. Man fährt tatsächlich an zahlreichen großen Bananenplantagen vorbei, von denen einige jedoch inzwischen brachliegen.

Schön ist die Lage der Stadt zwischen ihrem Hausberg, der **Montaña de Arucas** (412 m) mit der fast perfekten Pyramidenform, und dem Berg **Cardones** (288 m). Neubausiedlungen umgeben den historischen Kern, der aber leicht auszumachen ist – schließlich ragt kein anderer Kirchturm der Insel höher in den Himmel als der von Arucas' Pfarrkirche San Juan Bautista (60 m). Sie ist Johannes dem Täufer geweiht und wird liebevoll ›Kathedrale‹ genannt – obwohl die Stadt kein Bischofssitz ist.

◁ *Wie das Tor zu einer anderen Welt wirkt der beschauliche Nordosten. Ebensolche Ruhe strahlt die Landschaft aus, etwa um den Vulkankrater der Caldera de Bandama*

TOP TIPP San Juan Bautista

Die Kirche San Juan Bautista (tgl. 9.30–12.30 und 16.30–18.30 Uhr; sonst in der **Bar El Gótico** gegenüber dem Westeingang fragen) liegt auf einer etwas schrägen Bergterrasse am nördlichen Rand der Altstadt und blickt auf die hübsche **Plaza San Juan**. Der gemütliche Platz ist umgeben von gepflegten, niedrigen Häusern in engen Gassen. Im Sommer beherrscht das Rot der beiden Afrikanischen Tulpenbäume die Plaza und bildet einen herrlichen Kontrast zum bläulichen Schwarz der neogotischen Kirche.

Sie entstand 1909–32, wurde aber bereits 1912 eingeweiht. Die Bauleitung hatte Manuel Vega March, ein Schüler des berühmten katalanischen Architekten Antonio Gaudí. Erst später, 1962–77, wurde der stolze Hauptturm errichtet. Finanziert hat die Pfarrkirche in der Hauptsache die Familie Gourié, ebenso wie den Stadtpark. Als Begründer der hiesigen Zuckerindustrie waren die Gouriés Ende des 19. Jh. schnell reich geworden.

Es war ein ehrgeiziges Projekt: Um eine so großartige Pfarrkirche errichten zu können, musste vorher das spätgotische Gotteshaus von 1515 abgerissen werden, das wiederum wohl auf eine kleine Kapelle von 1502 zurückging. Arucas' Bürger (knapp 35 000 und damit drittgrößte Gemeinde der Insel) sind sehr stolz auf den heutigen Bau. Seine **blauschwarzen Basaltsteine** wurden, wie auch die anderer wichtiger Gebäude, von heimischen Steinmetzen geschlagen. Noch 50 von ihnen haben ihre Werkstätten in der Gegend, einige in Arucas selbst, die meisten aber im nahen **Visvique**. Der Schlussstein wurde am 24. Juni 1977 auf die Kirchturmspitze gesetzt, am **Johannistag**, dem wichtigsten Festtag des Städtchens.

Drei Doppelportale zieren die dem Altstadtkern zugewandte Kirchenfassade. Das Innere beeindruckt vor allem durch die qualitätsvollen Glasmalereien, komplett mit Widmung der Stifter. Schön bricht sich das Licht durch die drei großen Fensterrosetten über den Portalen. Aus der alten Kirche stammt u. a. die *Johannes-Skulptur* (16. Jh.) in der Taufkapelle im linken Turm. Zu den wertvollsten Werken in San Juan Bautista zählen ein ›*Cristo Yacente*‹ (ruhender Christus) hinter dem Chor, eine eindringliche Holzskulptur des Bildhauers Manuel Ramos Gonzáles aus Arucas (1899–1971), Bilder des kanarischen Malers Hernández de Quintana (1675–1725) sowie das Bildnis der *Santa Lucia* von Luján Pérez in der Herz-Jesu-Kapelle rechts vom Hauptaltar.

Bei den berühmten Steinmetzen von Arucas und Visvique sitzt jeder Schlag

Altstadt

Einige besonders schöne Gebäude stehen in den kirchnahen Straßen **León y Castillo** und **Francisco Gourié**. Hübsch anzusehen ist der Kontrast zwischen den verputzten, weiß gekalkten Wänden und den Tür- und Fenstereinfassungen sowie den Giebeln und Sockeln aus dem graublauen Stein von Arucas. Viele Häuser tragen schmiedeeiserne Balkone und machen einen andalusischen Eindruck.

Die **Casa de la Cultura**, das Haus der Kultur, fand ihren Sitz im eher unscheinbaren Haus Nr. 3 der Calle Gourié. Hier sind *Archiv* und *Bibliothek* (Mo–Fr 9–13 und 16–21, Sa 10–13 Uhr) der Stadt untergebracht, weshalb man es während der Öffnungszeiten ohne Probleme besichtigen kann, um einen Eindruck von seiner Architektur zu bekommen. Es präsentiert sich in typisch kanarischer Bauweise und hat einen Innenhof, Patio, mit Holzbalkon. Mitten im Hof steht ein prächtiger Drachenbaum.

Vom Kulturhaus geht es rechts um die Ecke zur **Plaza de la Constitución**, die vor einigen Jahren vollständig umgebaut wurde: Das einst zentrale Doramas-Denkmal zur Erinnerung an den Kampf der Guanchen gegen die spanischen Eroberer wurde an den Stadtrand verbannt. Von der 1880–82 erbauten Markthalle blieb nur die Fassade, hinter der sich nun das **Centro Comercial El Mercado** befindet, u. a. mit einem modernen Einkaufszentrum, Tiefgarage etc. Stehen geblieben ist das 1875 von José A. López de Echegarreta erbaute und 1932 umgestaltete **Alte Rathaus**. Es besteht aus zwei Gebäuden, den mit weiß, blau und gelb bemalten Azulejos ausgestatteten *Casas Consistoriales*.

Im gepflegten **Stadtpark** schräg gegenüber steht die **Casa Gourié**. Sie wird auch Casa del Mayorazgo genannt (Majoratshaus; Anfang 19. Jh.) und beherbergt das Gemeindemuseum (Mo–Fr 9–13 und 16–21 Uhr, Sa 10–13 Uhr) und die *Touristeninformation*.

Stadtauswärts Richtung Firgas steht gegenüber Stadtpark das besonders hübsche, turmgeschmückte **Heredad de**

Nicht von ungefähr erinnert die Kathedrale von Arucas an die Architektur von Gaudí

Aguas, das Gebäude der Wasserdomäne von 1908. Hier verteilten die Wasseraktionäre einst die kostbare Ressource, die aus tiefen Galerien in den Basaltbergen hierher geleitet wurde. Heute wacht die Gemeinderegelung über die Verteilung des Wassers.

Reich wurden die Bewohner von Arucas nicht nur durch ihre Steinmetze, sondern vor allem durch die Landwirtschaft, für die sie ausreichend Wasser benötigten. Schließlich besitzen sie mit **Las Vegas** eines der fruchtbarsten Gebiete der Kanaren überhaupt. Schon bald nach der Eroberung der Insel wurde hier Zuckerrohr angebaut und später reiften auf den Feldern Bananen.

Dem Zuckerrohr verdankt der Ort, der erst 1894 zur Stadt erhoben wurde, seine erste Blütezeit. Die historische **Rumfabrik Arehucas** ist vom Gebäude der Wasseraktiengesellschaft nur einen Steinwurf entfernt – in der **Carretera a Bañaderos**: An der Gabelung vor der Heredad de Aguas nimmt man die rechte, leicht abfallende Straße und sieht bald darauf das Hinweisschild. Am 9. August 1884 wurde der Grundstein für diese Destillerie gelegt, die damals noch ›Fábrica de Azucarera y Destilerias de San Pedro‹ hieß, San Pedro nach der kleinen Kapelle aus dem Jahr 1724 auf ihrem Grundstück.

TOP TIPP Montaña de Arucas

Hinweisschilder führen durch die schmalen Gassen vom Kirchplatz auf die *Montaña de Arucas*. Oben, in gut 400 m Höhe, hat man einen herrlichen Ausblick über den gesamten Norden Gran Canarias. Besonders am Wochenende und an Feiertagen ist die Montaña de Arucas auch ein beliebtes Ausflugsziel der Einheimischen. Sie gehen in dem großen Restaurant auf dem Berg essen oder versorgen sich an den Ständen ringsum mit Erfrischungen.

Jardín de la Marquesa

Unterhalb der Stadt, an der Hauptstraße Richtung Bañaderos, befindet sich auf der rechten Seite der Jardín de la Marquesa (Mo–Fr 9–12 und 14–18, Sa 9–12 Uhr). Der auch *Jardín de los Hespérides* genannte, herrliche Privatgarten der Marquesa Rosario Massieu prunkt nicht nur mit exotischen Pflanzen aus aller Welt, sondern auch mit einem unglaublich großen Drachenbaum, dessen Alter auf 400–600 Jahre geschätzt wird.

La Hacienda del Buen Sucero

Nur 100 m weiter führt links eine schmale Straße zum Landgut La Hacienda mit einer Villa im Kolonialstil. Sie wurde in ein Hotel mit 15 Zimmern, fünf schönen Salons und einem Restaurant umgewandelt. Auf der dazugehörigen Plantage werden Bananen angebaut.

Wunderschön ist der Blick von der großen Terrasse im ersten Stock der Villa auf die Plantage, aus der hohe Dattelpalmen und Drachenbäume herausragen. Auf der Rückfahrt nach Arucas sieht man auf einzelnen, mauergestützten Terrassen weitere ausgedehnte Bananenplantagen.

Praktische Hinweise

Information

Información Turística, Plaza de la Constitución 2, am Stadtpark, Arucas, Tel. 928 62 31 36, Mo–Fr 8–15 Uhr

Hotel

La Hacienda del Buen Suceso, Crta. Arucas–Bañaderos km 1, Tel. 928 62 29 45, Fax 928 62 29 42, www.hotelhacienda.sitio.net. Einladendes Landhotel mit 15 Zimmern und einem Restaurant inmitten einer Bananenplantage.

Restaurants

El Mesón de la Montaña, Montaña de Arucas, Tel. 928 60 14 75. Großes Ausflugs-

Berühmte Verkoster dürfen das Fass signieren

Unschlagbares Feuerwasser

3,5 Mio. Liter Rum werden jährlich in Arucas gebrannt. Die Krönung ist der zwölfjährige **›Ron Añejo‹** (gealterter Rum), der zu den edelsten Tropfen gehört und es durchaus mit einem Cognac oder Brandy aufnehmen kann. Ein Teil des Zuckerrohrs wird in einer destillerieeigenen Plantage angebaut, doch ihr Ertrag reicht inzwischen bei weitem nicht mehr: Nur 300 000 kg Zuckerrohr im Jahr kommen von hier, aber 2 Mio. kg braucht die Fabrik insgesamt. Den größten Teil erhält sie aus Südafrika, weil dieser Rohrzucker dem kanarischen am ähnlichsten schmeckt. Er wird bereits als Destillat mit sage und schreibe 95,5 % Alkohol importiert.

Das kleine **Museum** zur Geschichte der Brennerei (Era de San Pedro 2, Mo–Fr 10–14 Uhr, Tel. 928 62 49 00) ist ebenso sehenswert wie die 6000 Eichenfässer, in denen 2 Mio. l **Aguardiente** mit 60–70 % Alkohol lagern. Dieses ›Feuerwasser‹ ist die Grundsubstanz für die verschiedenen Rumsorten. Interessant sind vor allem die Fässer der **Bodega Nr. 1**, auf denen sich berühmte Besucher der Fabrik verewigt haben, u. a. der frühere deutsche Bundeskanzler und Friedensnobelpreisträger Willy Brandt und der lanzarotische Künstler César Manrique, der grancanarische Tenor Alfredo Kraus, der Sänger Placido Domingo sowie – noch als Kronprinz – der spätere spanische König Juan Carlos mit seiner Frau Sofia.

Kleine Rum-Kunde:

Ron Añejo Arehucas ist eine spezielle ›Reserva‹ mit 40 %, mindestens zwölf Jahre gelagert;

Aguardiente de Caña ist eine einmalige Produktion aus dem Jahre 1988 mit nummerierten Flaschen; 45 %; wird als besondere Kostbarkeit gehandelt;

Club 7 ist ein dunkler, mindestens sieben Jahre alter Rum mit 40 %, der **Blanco** kommt ›nur‹ auf 37,5 %;

Ron Miel ist ein zuckersüßer Likör mit 24 %, ein mit Honig vermischter Zuckerrohr-Rum, bei den Canarios sehr beliebt.

Die Finca de Osorio, einst Landsitz grancanarischer Adeliger, ist heute ein Landschulheim

lokal auf dem Hausberg von Arucas, gut, aber etwas teuer (Mi geschl.).

La Barca, Autopista/GC-2, Arucas/San Andrés, Tel. 928 62 60 88. Im meernahen Vorort San Andrés gelegenes Restaurant mit Fischspezialitäten.

Mesón Canario, Avenida Pedro Morales Déniz 108/Carretera a Cardones, Arucas, Tel. 928 60 07 12 und 928 60 35 58. Preiswerteres Restaurant auf dem Weg nach Cardones mit typisch kanarischer (und internationaler) Küche (tgl. 8–24 Uhr).

3 Finca de Osorio

Friedliche Beschaulichkeit auf dem Weg von Arucas nach Teror.

In vielen Kehren, beschattet von Eukalyptus, dickbauchigen Zypressen und Zedern, führt die Nebenstraße GC-43 über die Steinmetze- und ›Schlafstadt‹ **Visvique** mit teilweise recht schönen Neubauten hinauf zur Streusiedlung **Los Portales**. Von hier genießt man einen schönen Blick zurück auf die Pfarrkirche von Arucas [Nr. 2].

In **Los Castillos** hat man zwei Möglichkeiten: Nach 7 km erreicht man eine Kreuzung. Von hier führt eine Straße über **El Palmar** abwärts in ein schönes Tal. Bleibt man oben, folgt kurz nach dem Ende der Streusiedlung rechts die Einfahrt zur **Finca de Osorio** (tgl. 9–18 Uhr, Tel. 928 63 00 90). Den Wagen lässt man vor dem schmiedeeisernen Tor stehen und erkundet dann das weitläufige Gelände des Landgutes zu Fuß. Hier konnte sich aufgrund geringer landwirtschaftlicher Nutzung über Jahrhunderte hinweg eine einzigartige Pflanzen- und Tierwelt erhalten. So wandert der Besucher im Schatten uralter Kastanien, Eichen, Pinien, Kamelien und Magnolien durch die Anlage. Mit etwas Glück kann man in den Baumkronen seltene Vögel wie Uhus, Adler und Kanarienvögel entdecken. Auch Spitzmäuse und Igel sind auf dem Gelände, das Teil des Naturschutzgebietes Parque Rural de Doramas ist, heimisch.

Seit 1981 verwaltet die Inselregierung das Gut mit seinen herrlichen Parkanlagen und schönen Gebäuden im kanarischen Stil. Im ehrwürdigen Herrenhaus, in dem einst grancanarische Adelsfamilien residierten, ist heute das Landschulheim Aula de la Naturaleza de Osorio untergebracht. Schulklassen aber auch angemeldete Privatpersonen können hier während ihres Aufenthaltes an umweltpädagogischen Programmen teilnehmen und auf den zahlreichen Wanderwegen auf naturkundliche Entdeckungstour gehen.

Zurück auf der GC-43 taucht kurz nach der Finca de Osorio rechts die große Klosteranlage **Las Dominicas** aus schwarzem Lavastein auf. Die Nonnen dieses Ordens leben in strenger Klausur.

Nun sind es nur noch wenige, angenehm zu fahrende Kilometer bis nach Teror.

4 Teror

Wunderschöner Wallfahrtsort und religiöser Mittelpunkt der Insel.

Kein Wunder, dass Teror als eines der schönsten Städtchen der Insel gilt. Die Lage in 600 m Höhe ist herrlich und das Klima trocken und luftig.

Gut zu wissen: Sonntags findet auf dem großen Platz hinter der Pfarrkirche ein gut besuchter Markt statt. Parkplätze sind dann rar.

Wunderschön erhalten und gepflegt sind die niedrigen Häuser aus rötlich-gelbem Basalt mit Balkonen, hübsch das Auf und Ab der Gassen in Hanglage. Im historischen Zentrum müssen neue Häuser den Vorgaben von Denkmalpflegern und Gemeindeverwaltung folgen. Sie sollen dem traditionellen Baustil entsprechen, zu dem auch die schönen Holzbalkone gehören. Ferner ist es verboten, alte Fassaden abzureißen. Dahinter darf es aber modern sein.

TOP TIPP Rosafarbene Schilder weisen den Weg zur Wallfahrtskirche **Nuestra Señora del Pino**, die auf einer breiten Terrasse steht. Weil die Kirche auch gerne von Touristen besucht wird, bleibt sie an Festtagen durchgehend, sonst mit einer Pause von 13 bis 15 Uhr geöffnet. Zur Mittagszeit ist der Aufgang zur Madonna jedoch nur durch einen rückwärtigen Eingang möglich. Nur so kann man der 1,05 m hohen **Skulptur** der ›Virgen del Pino‹ in ihrem Tabernakel aus purem Silber ins Antlitz schauen, das für die Gläubigen deutlich eine lächelnde und eine trauernde Seite zeigt. Vom Hauptraum der dreischiffigen Basilika aus sind eigentlich nur die prachtvollen Gewänder Marias zu erkennen. Davon besitzt sie in ihrem ›**Ankleideraum**‹ voller Votivgaben eine kostbare Sammlung. Es sind allesamt Geschenke der Inselbewohner. Der größte Schatz der Jungfrau, die als die zweitreichste Spaniens galt, waren ihre Juwelen, die aber 1975 bei einem spektakulären Kunstraub entwendet wurden – und das, obwohl bei einer Renovierung der Kirche 1970 neue Sicherheitsmaßnahmen getroffen worden waren. Weitere Sehenswürdigkeiten der Kirche sind ihre schönen Glasmalereien. Besonders feierlich ist die Atmosphäre, wenn Orgelmusik (vom Band) ertönt.

Gegenüber dem rückwärtigen Kircheneingang steht der lang gestreckte, einstöckige **Sommersitz des Bischofs** (früher seine Hauptresidenz, heute zur Hälfte Städtische Bibliothek), daneben befindet sich das hübsche Rathaus über einem früheren Stall.

Auf keinen Fall sollte man sich die **Casa Museo de la Fundación Patronos de la Virgen del Pino** (Mo–Fr 11–18, So 10–14 Uhr) unweit des Kirchplatzes entgehen lassen. Das Museum ist im einstigen luxuriösen Sommerhaus (17. Jh.) der reichen Adelsfamilie Manrique de Lara untergebracht. Die Familie hat seit Generationen das Patronat für die Jungfrau von Teror inne, ein ganz besonderes Privileg. In der Casa

Die Pfarrkirche schafft für die allseits verehrte Marienstatue den würdigen Rahmen

Der einladende kleine Platz ehrt Teresa de Bolívar, die bekannteste Tochter der Stadt

lernt man vor allem die Wohnkultur der wohlhabenden Canarios kennen. Im Innenhof an der höher gelegenen Gasse z. B. stehen außer dem früheren Pferdestall auch Karossen (eine davon benutzte König Alfonso XIII. 1906 bei seiner Fahrt über die Insel) und ein Automobil-Oldtimer ›Triumph‹ von 1951.

Das Haus ist großzügig angelegt mit zahlreichen Sälen und Schlafräumen um balkonbestandene Innenhöfe großzügig angelegt und besitzt eine **reiche Sammlung** von Gemälden, Fotografien und Porzellan. Im Erdgeschoss ist ein Raum dem niederschlesischen Maler Georg Hedrich (geb. 1927) gewidmet, der seit 1957 auf Gran Canaria lebt. Er wird oft ›Maler der Kanaren‹ genannt und hat ganz in der Nähe sein Atelier [s. S. 49]. Schön sind insbesondere seine Landschaftsaquarelle.

Auf der gegenüberliegenden Seite des Kirchplatzes öffnet sich rechts die kleine **Plaza Teresa de Bolívar**. Auf diese aus Teror stammende Frau sind die Bewohner des Städtchens besonders stolz, denn sie wurde 1802 die Gattin des berühmten südamerikanischen Freiheitskämpfers Simón Bolívar (1783–1830). Dieser führte die Unabhängigkeitsbewegung gegen die spanischen Kolonialherren in Venezuela, Kolumbien, Panama, Ecuador, Peru und Bolivien an.

Auch durch sein erfrischendes Mineralwasser hat Teror sich einen Namen gemacht. Es heißt *Fonte Agria*, ›saurer Brunnen‹, und ist nach dem Wasser von Firgas [Nr. 9] das meistgetrunkene der Insel.

Praktische Hinweise

Information

Información Turística, Calle de la Huerta 1, Teror, Tel. 928 61 36 09, turismo@teror.es

Großbürgers Wohnstil in der Casa Museo

Viel geliebt, heiß verehrt und reich beschenkt – die wundertätige ›Virgen del Pino‹ von Teror

Nuestra Señora del Pino

Am 7. und 8. September jeden Jahres steht Teror Kopf: Dann wird die ›Nuestra Señora del Pino‹ mit einer groß angelegten **Wallfahrt** und zahlreichen anderen Veranstaltungen gefeiert.

Der Überlieferung nach geschah am 8. September 1481 Folgendes: Die meisten Siedlungen waren bereits in spanischer Hand und zum Christentum bekehrt, doch die Leute von **Terori** – wie die Einwohner ihre Stadt nach einem ihrer Fürsten nannten – waren noch ungläubig. Da erschien unter einer Pinie wundersamerweise Maria mit dem schlafenden Jesuskind im Arm. Die Hirten zogen daraufhin freiwillig nach Las Palmas, um sich taufen zu lassen.

Nachdem das **Wunder** vom Bischof anerkannt worden war, bauten die Bewohner von Teror im ausgehenden 15. Jh. eine kleine Kapelle, die Ende des 17. Jh. durch eine Kirche ersetzt wurde. Von dieser wiederum blieben nach einem Brand nur der hohe, oktogonale Turm und die Taufkapelle übrig.

So zeigt sich die **Wallfahrtskirche** heute im klassizistischen Stil von 1760–67. Nur die Westfassade wurde 1811 von Luján Pérez verändert.

Der Ursprung der **Marienstatue** selbst ist unklar. Es wird vermutet, Jorge Fernández habe sie Ende des 15. Jh. geschaffen.

Die namengebende **Pinie**, nach der die heute verehrte Statue ›Unsere liebe Frau von der Pinie‹ genannt wurde, stand einst bei der Kirche. Sie soll einem Sturm zum Opfer gefallen sein. Man pflanzte daraufhin zwei neue Pinien sowie einen inzwischen riesigen Indischen Lorbeerbaum auf dem Vorplatz.

1929 erhob König Alfonso XIII. die Jungfrau von Teror zum **Capitan General**. Das spanische Militär begrüßt sie seitdem jedes Jahr am 8. September zu den Klängen von Marschmusik mit einem feierlichen Salut. Übrigens ist die ›Jungfrau der Pinie‹ von Teror auch die Schutzherrin der Diözese der Kanarischen Inseln.

Einkaufen

Galerie-Atelier Georg Hedrich, Calle de la Herrería 2, Teror, Tel. 928 63 17 16. Hier schafft und verkauft der deutsche Maler Aquarelle und Gemälde sowie Postkarten seiner Werke (Di–Do 11–14 Uhr).

Wochenmarkt, Platz vor der Basilika, So 8–15 Uhr. Neben landwirtschaftlichen Erzeugnissen wird vor allem typisches Kunsthandwerk angeboten.

Bar

Bar La Plaza, rechts von der Wallfahrtskirche, Teror. Hier gibt es einfache, typische Kleinigkeiten zu essen, wie Eintopf oder frisch zubereitete Sandwiches.

5 Vega de San Mateo

Der große Markt und die hübsche Kirche sind interessante Ausflugsziele.

Die GC-42 von Teror [Nr. 4] nach Vega de San Mateo bildet, wie viele eukalyptusgesäumte Straßen des Nordens, eine schöne Strecke durch fruchtbares Gebiet mit intensiver Landwirtschaft in Mischkultur (Obst und Gemüse).

Die flachen Terrassen des **Barranco de la Mina** zur Linken zeigen sogar im Hochsommer sattes Grün, handelt es sich doch um eines der wasserreichsten Gebiete mit auffällig dicht belaubten Waldstücken. Die Erde ist hier rot und tiefbraun, ein guter, mineralienreicher Boden. Esskastanien gedeihen prächtig, Kanaren-Ampfer in sattgrünen Büschen, Farn, Pfeffer- und Walnussbäume, dichte Brombeerhecken säumen die Straße, dann wieder wilder Fenchel und Feigenkakteen. Ein paar Höhlenwohnungen sind an einem Hang rechts zu erkennen. Linker Hand blickt der Reisende auf die kleine, kreuzförmig angelegte **Ermita del Corazón** mit ihrem offenen Glockenstuhl.

Von überall her kommen die Grancanarios zum Einkauf hinauf ins 836 m hoch gelegene Vega de San Mateo. *Vega* bedeutet große Finca, also ausgedehnter Landbesitz – und wirklich lebt der Ort bis heute von den Erträgen seiner intensiven Landwirtschaft. Dies spiegelt sich auch im größten **Obst- und Gemüsemarkt** (Sa 8–20, So 8–14.30 Uhr) der Insel wider. Außerdem werden hier typische Produkte des heimischen Kunsthandwerks wie Binsenkörbe, kanarische Messer mit schön verzierten Griffen, Lederarbeiten und Holzschnitzereien angeboten.

Einen Besuch wert ist auch die **Iglesia Parroquial de la Vega de San Mateo**. Die beiden Schiffe der Pfarrkirche wurden 1800 und 1895 erbaut, die Entwürfe für den zentralen Glockenturm stammen von Luján Pérez. Die Glocke selbst ist ein Ge-

Der Wochenmarkt von Vega de San Mateo ist beliebter Tummelplatz für Alt und Jung

schenk von ehemaligen Einwohnern der Stadt, die nach Kuba ausgewandert waren und die Glocke in Erinnerung an die alte Heimat über den Atlantik schickten.

i Praktische Hinweise

Information

Información Turística, Calle Dr. Ramírez Cabrera 9, Vega de San Mateo, Tel. 928 66 13 50-45, Fax 928 66 12 41

6 Santa Brígida

Hübsches Gartenstädtchen mit der berühmtesten Hotelfachschule der Insel.

Mit schönen Ausblicken, u. a. auf den 850 m hohen Berg **Bodequilla**, schlängelt sich die C-811 in Richtung Santa Brígida (426–509 m) abwärts.

Wegen seines guten Klimas bevorzugten im 19. Jh. schon die Engländer den Ort, der mit seinen in Gärten und Parks stehenden Villen zu den beliebten Wohngebieten nahe Las Palmas gehört. Hier wird auch etwas Weinanbau betrieben. Um die ganze Vielfalt der hervorragenden Weine Gran Canarias kennen zu lernen, lohnt ein Besuch der **Casa del Vino** (Finca El Galeón, Santa Brígida, Tel. 928 64 42 72, Mo–Fr 10–18, Sa–So 10–15 Uhr). In dem schön renovierten historischen Gebäude des Weinhauses kann man die edlen Tropfen der Insel verkosten, kaufen und sich über Geschichte und Anbaugebiete der grancanarischen Weine informieren.

Im Vorort Monte Lentiscal befindet sich die Hotel Escuela Santa Brígida, eine **Hotelfachschule** (s. u.), die inselweit den besten Ruf genießt. Außerdem lockt hinter der einladenden kleinen *Markthalle* (Sa 7.30–20, So 7.30–14 Uhr) der **Parque Agricola del Guiniguada**, ein großartiger kanarischer Garten mit Nutzpflanzen, Haustieren und einer Kunsthandwerksausstellung.

i Praktische Hinweise

Hotel

TOP TIPP ****Hotel Escuela Santa **Brígida**, Calle Real de Coello 2, Santa Brígida, Tel. 828 01 04 00, Fax 828 01 04 01, www.hecansa.com. Das Ambiente ist großartig, spanisch und britisch das Mobiliar in den Aufenthaltsräumen und im Veranden-Restaurant. Die Zimmer wurden nach dem neuesten Standard in fast postmodernem Stil eingerichtet. Pool im blühenden Garten auf halber Höhe über der Straße. Angeschlossen ist eine exklusive Hotelfachschule, die ihre Schüler auf gehobene Positionen im Hotel- und Gastronomiegewerbe vorbereitet. Entsprechend vorzügich ist der Service.

7 Caldera de Bandama

Vulkankrater mit weitem Blick ins Umland und schaurig-schönem Abgrund.

2 km hinter Santa Brígida Richtung Las Palmas zweigt man rechts Richtung Telde ab. In **La Atalaya** wurden einige der alten Höhlenwohnungen saniert, und weil das Dorf früher für seine Töpfer bekannt war, hat man darin nun das **Centro Locero La Atalaya** (Mo–Fr 9–14, im Winter auch 17–21, Sa 10–14 Uhr) eröffnet, ein kleines Zentrum mit Schautöpferei, Laden und einer Fotoausstellung zur Geschichte des Ortes. Von hier führt nach insgesamt 3 km eine schmale, aber gut ausgebaute Straße zur **Caldera de Bandama**, dem Vulkankrater von Bandama. Will man von der nördlichen Seite in den Krater schauen, fährt man von Santa Brígida [Nr. 6] weiter Richtung Las Palmas und biegt erst nach 2,5 km in *Monte Lentiscal* rechts ab zum **Pico de Bandama** (569 m).

Den Rand des Kraters erreicht man über die Serpentinenstraße. Von oben schaut man in den imposant-schwarzen, 200 m tiefen Schlund des Vulkans, dessen Durchmesser rund 1 km misst. Ein einsames Bauernhaus steht immer noch unten im Krater mit seinem von Lapillisteinchen bedeckten Boden, ein paar Felder sind zu erkennen, aber nie ein Mensch, der dort arbeitet. Kein Wunder: Je weiter man absteigt, desto schwül-heißer wird es. Etwas weiter oben sind innen im Krater noch die Öffnungen alter Wohnhöhlen der Guanchen zu erkennen.

Südlich des Pico de Bandama befindet sich die weitläufige Anlage des ältesten Golfklubs Spaniens, dem **Real Club de Golf de Las Palmas**. Dieser wurde bereits 1891 von den Mitgliedern der britischen Gemeinde von Las Palmas gegründet und befand sich zunächst in der Gegend des Lomo del Polvo. 1956 wurde der Klub

auf das leicht hügelige Gelände der Caldera de Bandama verlegt. Zu dem 18-Loch Platz gehören ein Golfhotel, ein Restaurant mit vorzüglichem Weinkeller, zwei Tennisplätze, ein Reitplatz und ein Swimmigpool.

Praktische Hinweise

Sport

Real Club de Golf de Las Palmas, Carretera de Bandama, Santa Brígida, Tel. 928 35 01 04, Fax 928 35 01 10, www.realclubdegolfdelaspalmas.com. Ältester Golfklub Spaniens mit 18-Loch-Anlage, zwei Tennisplätzen, Reitplatz und Swimmingpool. Auch ein Hotel (s. u.) und ein Restaurant gehören zum Klub.

Einkaufen

Centro Locero La Atalaya, Camino la Picota 11, La Atalaya, Tel. 928 28 82 40. Hier kann man den Töpfern nicht nur bei der Arbeit zusehen, sondern ihre hochwertige Ware auch kaufen.

Hotel

Golf Bandama, Lugar Campo de Golf 2, Santa Brígida, Tel. 928 35 15 38, Fax 928 35 08 73, www.bandamagolf.com. Freundliches Hotel, das ganz auf die Bedürfnisse seiner Golf spielenden Gäste eingerichtet ist. 34 freundliche Zimmer, Restaurant, Pool.

Unwiderstehliches Grün auf dem ältesten Golfplatz Spaniens bei der Caldera de Bandama

8 Tafira

Tafira Alta und Tafira Baja gelten als vornehme Vororte von Las Palmas.

Auf der Nordseite des Bandama beginnt bereits **Tafira Alta**, wie Santa Brígida heute ein Nobel-Vorort von Las Palmas. Links der alten Hauptstraße (nicht die Schnellstraße!) liegt der obere Eingang des TOP TIPP **Jardín Canario** (tgl. 9–18 Uhr). Der großartige Botanische Garten erstreckt sich bis weit in den fruchtbaren *Barranco de Guiniguada* hinab (unterer Eingang). Interessant ist vor allem die Kakteensammlung der weitläufigen, 1952 geschaffenen Anlage.

Weiter abwärts folgt **Tafira Baja**, der dritte Vorort mit Residenzen der Gutsituierten. Es sind freilich diejenigen, die sich Santa Brígida nicht leisten können – sagt man auf der Insel. Wie dem auch sei, jedenfalls stehen entlang der gesamten Strecke zwischen Santa Brígida [Nr. 6] und Las Palmas [Nr. 1] zahlreiche hübsche bis bildschöne Villen inmitten üppiger Gärten.

Eine neue Schnellstraße verbindet heute die nur 7 km entfernte Inselhauptstadt Las Palmas mit Tafira Baja und Tafira Alta.

Der Nordwesten – zauberhafte Bergwelt

Noch ursprünglicher als der Nordosten ist der Nordwesten der Insel zwischen Firgas und San Nicolás de Tolentino, Puerto Sardina del Norte und dem Barranco del Laurel.

Hohe **Berge** prägen das Landesinnere, das meist nur über kurvige Sträßchen oder zu Fuß erkundet werden kann. Der Küstenstreifen zwischen Las Palmas und **Puerto de las Nieves** ist jedoch durch die vierspurige Schnellstraße GC-2 gut erschlossen. Im gesamten Nordwesten finden sich interessante altkanarische Stätten und traditionsreiche Städtchen umgeben von scheinbar unberührter Natur. **Firgas** ist durch seine Mineralquellen zu Wohlstand gekommen, im beschaulichen **Moya** finden sich noch Reste eines Lorbeerwaldes, der früher große Teile des Inselnordens bedeckte. **Santa María de Guía** ist berühmt für seinen Blumenkäse und die Prozession an Mariä Himmelfahrt. In der Nähe befindet sich eine der interessanten Kultstätten der Altkanarier, **Cenobio de Valerón**. Hinter **Gáldar** mit seiner **Cueva Pintada**, dem Paradebeispiel des Höhlenkultes auf Gran Canaria, erreicht man den Fischerort **Puerto Sardina** ganz im Nordwesten der Insel. **Agaete** ist ein hübsches Städtchen zwischen seinem aufstrebenden Hafen **Puerto de las Nieves** mit bedeutender Wallfahrtskapelle und seinen fruchtbaren Feldern im **Barranco de Agaete**, der am 1082 m hohen Gordo ausläuft.

9 Firgas

Dem Städtchen begegnet man überall auf der Insel – in Form seines guten Mineralwassers ›Aguas de Firgas‹.

Von Las Palmas kommend, fährt man über die GC-2 direkt nach Firgas oder nimmt von Arucas [Nr. 2] aus die sehr schöne, kurvenreiche alte Landstraße. In beiden Fällen sind es von der jeweiligen Abzweigung rund 8 km in das 500 m hoch gelegene Firgas.

In der kleinen Stadt (rund 6500 Einw.) mit dem berühmtesten Mineralwasser der Insel, dem ›Aguas de Firgas‹, stehen einige kanarische, balkongeschmückte Häuser oberhalb der Kirche **San Roque** (1835, mit offenem Glockenstuhl von 1914). Das Gotteshaus wurde auf einer großen Terrasse erbaut, die in Hanglage über der Hauptstraße geradezu zu schweben scheint.

Das **Rathaus** am Kopfende des Kirchplatzes ist ein hübscher, bogengeschmückter Bau. An seiner Fassade prangen rechts das Wappen von Las Palmas de Gran Canaria, links das mit den drei zur Provinz gehörenden Inseln und über der Balkontür im ersten Stock das Wappen von Firgas. Rechts öffnet sich eine große Terrasse mit Meerblick, kleinem Kiosk und Freiluftcafé. Genau gegenüber steht das 1872 erbaute ehem. *Hotel Azuage*, das

◁ *Im Schutz mächtiger Felswände ruhen die weißen Bergdörfer im Barranco de Agaete*

Firgas zeigt sich schmuck herausgeputzt, nicht nur mit Azulejos-Bänken

Munter und einladend plätschert Firgas' Reichtum den Paseo de Gran Canaria hinab

einst die Kurgäste der nahen, gleichnamigen Thermalquelle beherbergte. Seit 1995 dient das Gebäude als multifunktionales **Kulturzentrum**. Es beherbergt u. a. das Archiv sowie Ausstellungsräume, in denen vor allem einheimische Künstler einen würdigen Rahmen finden. Ganz modern mit knallig blauer Bestuhlung präsentiert sich im früheren Innenhof das lichtdurchflutete Auditorium.

Gleichzeitig hat Firgas auch für Fremde an Attraktivität gewonnen: durch die hübschen **Kaskaden**, die – der Wasserreichtum macht's möglich – zwischen Kirche und Kulturzentrum einer stilisierten Quelle entspringen. Das klare Nass ergießt sich in einen Krug und fällt daraus bis zur Straße vor dem großen Rondell hinab. Gerahmt wird das Wasserspiel von *Azulejos*-Bänken mit Bildern und Wappen der 21 Gemeinden und des *Cabildo Insular* von Gran Canaria. Oberhalb wurde der Lehrpfad **Paseo de Canarias** angelegt, u. a. mit Reliefkarten aller Kanarischen Inseln.

An der Landstraße von Firgas nach Valleseco hat die schön restaurierte Mühle **Molino del Conde** (Mo–So 8–14 Uhr) aus dem 16. Jh. ihre Pforten für Besucher geöffnet. Hier kann man beim Rösten und Mahlen des Getreides zusehen und im dazugehörigen Geschäft örtliches Kunsthandwerk erwerben.

Der hübsch herausgeputzte Ort Firgas ist genau der richtige festliche Rahmen, z. B. für Mariä Himmelfahrt am 15. August. An diesem Tag feiert Firgas auch seinen Patron San Roque. Nach einer **Romeria** (Wallfahrt) genießt man die anschließende **Verbena** (Tanzfest) inklusive Feuerwerk um Mitternacht. Dabei geht es fröhlich, laut und farbenprächtig zu – bis in den 16. August hinein.

Barranco de Suage

Von Firgas fährt man erst nach Norden, dann wieder gen Westen auf den schmalen, eukalyptusgesäumten Serpentinen der alten GC-100 Richtung Moya. Auf dieser Strecke überspannt eine einbogige Brücke den tiefen **Barranco de Suage** (alte Schreibweise *Azuage*), darunter breiten sich eine saftig-grüne Bananenplantage und Gärten aus, eine Wasserleitung begleitet den Barranco-Hang.

Lomo Blanco, 3 km vor Moya, besteht nur aus ein paar Häusern. Von hier geht es auf der GC-75 weiter hinauf nach Moya [Nr. 10], dessen filigrane Kirchtürme immer wieder jenseits des *Barranco* durchblitzen.

i Praktische Hinweise

Information

Información Turística, Calle El Molino 12, Firgas, Tel. 928 616 747

10 Moya

Geburtsort des Dichters Tomás Morales und der lecker-süßen Bizcochos.

Moya ist ein grünes, beschauliches Städtchen in 500 m Höhe mit 7000 Einwohnern, die zum größten Teil in den Vororten und umliegenden Fincas wohnen. Die erst in den 1940er-Jahren erbaute neoromanische **Pfarrkirche El Pilar** mit ihren beiden durchbrochenen Türmen ist schon von weitem zu sehen, steht sie doch in bester Panoramalage auf dem weit in den *Barranco de Moya* hineinragenden Hügelrücken.

Ihr höchstes Fest feiern die Bewohner von Moya am 2. Februar, wenn sie ihre ›**Virgen de la Candelaria**‹, die Jungfrau von Candelaria, ehren, welche in der Pfarrkirche beheimatet ist. Ein Nachfahre der spanischen Eroberer Teneriffas brachte die Statue im 16. Jh. von dort mit. Genau genommen sind nur noch Gesicht und Hände im Original erhalten. Ursprünglich wurde sie auf der ganzen Insel so verehrt, dass sie zur Patronin Gran Canarias avancieren sollte – doch schließlich bekam die ›Jungfrau der Pinie‹ aus Teror [Nr. 4] den ›Zuschlag‹. Als weitere Kunstschätze der Kirche sind ferner zwei Bildwerke von Luján Pérez (›Madonna mit Kind‹ und ›Judas‹) zu erwähnen.

Vom Hauptportal schaut man rechts auf die **Casa Museo Tomás Morales** (Mo–Fr 9–20, Sa 10–14 und 17–20, So 10–14 Uhr). In diesem Haus verbrachte der spätere Arzt, Dichter und Politiker Morales (1884–

Auf lichter Höhe thront El Pilar, die markante Pfarrkirche von Moya

Die Zeiten der Feldflasche sind vorbei

Das Mineralwasser von Firgas

Seit 1930 besteht die Mineralwasserfabrik von Firgas, die mehr als 170 Mitarbeiter beschäftigt. Die modernen Abfüll- und Flaschenreinigungsanlagen stammen aus Deutschland.

13 Quellen besitzt die Firma, aber nur drei davon werden zurzeit genutzt. Genug Reserve ist also vorhanden, was bei einer so wasserarmen Insel wie Gran Canaria sehr beruhigend ist.

Das Regenwasser sickert zu etwa 30 Prozent ins vulkanische, poröse Gestein. Nach sieben bis neun Monaten stößt es auf härtere, undurchlässige Schichten und verbleibt in den vorhandenen natürlichen **Kammern**, bis es abgezapft wird. Die Kohlensäure erhält es auf natürliche Weise durch das poröse Vulkangestein (2–2,5 g je 1 Liter Wasser).

Das schmackhafte Wasser von Firgas wird zur Hälfte auf Gran Canaria selbst getrunken, der Rest auf den anderen Kanarischen Inseln verkauft. Immerhin werden jährlich 100 Mio. l abgefüllt, und zwar aus drei verschiedenen Brunnen für je eine Marke: **La Ideal I** ohne Kohlensäure, **La Ideal II** mit Kohlensäure und **Aqua potable preparada**, mit Salz aufbereitetes, weiches, fast mineralloses Wasser, das sich zum Kochen und für die Kaffeezubereitung besonders gut eignet. Auch diverse Erfrischungsgetränke werden mit Firgas-Wasser zubereitet.

Süße Verlockungen

Drei Plätzchenarten sind Moyas Spezialitäten, die streng nach alten Rezepten hergestellt werden:

Bizcochos: aus Zucker, Eiern und Mehl zu gleichen Teilen geformte, längliche Biskuitteig-Plätzchen, im Holzofen gebacken.

Suspiros: locker und leicht, angeblich aus genau 72,53 Prozent Zucker und 27,47 Prozent Eierschaum.

Roscos: runde Kringel aus Weizen, pflanzlichen Fetten, Zucker, Zitrone, Anis und Hefe.

1921) seine Kindheit. Später praktizierte er in Agaete [Nr. 17], wo er 1920 den Gedichtzyklus ›Rosen des Herkules‹ schrieb. Sein Thema war, wie bei vielen Grancanarios, der Atlantik. Hinter dem Museum steigt die Calle Léon y Castillo leicht an. Auf ihrer linken Seite (Nr. 5) steht die hübsche **Heredad de Agua Moya**, die Wasserbörse, mit Doppelsäulchen an der Eingangsloggia.

Olivenöl-›Finish‹ für den Blumenkäse

Auf der Weiterfahrt nach Santa María de Guía [Nr. 12] erreicht man 2 km hinter Moya eine Straßenbucht für einen **Aussichtspunkt**, den man anfahren sollte. Herrlich ist der Blick über die tiefe Schlucht von Moya zurück auf das Städtchen mit der von weitem besonders hübschen Kirche. Am Straßenrand stehen zerzauste breite Zypressen und vor allem Reste der ursprünglichen kanarischen Fayal-Brezal-Vegetation mit Lorbeer und mannshoher Erika.

Praktische Hinweise

Einkaufen

Bar Falcón, an der Durchgangsstraße gegenüber der Calle León y Castillo (ohne Schild!), Moya. In der *Tienda* (Laden) kann man die typischen süßen Ortsspezialitäten kaufen. Die Besitzer sind So vormittags auch auf dem *Mercadillo*, dem Wochenmarkt, mit einem Stand vertreten.

11 Barranco del Laurel

TOP TIPP

Einer Reise in die Vergangenheit kommt der Abstecher zu den Überbleibseln der Lorbeerwälder gleich, die einst die ganze Insel bedeckten.

Am südlichen Rand von Moya führt Richtung Santa María de Guía [Nr. 12] nach etwa 2,5 km in einer scharfen Kurve eine Stichstraße zum **Barranco de Los Tilos** (mit selten geöffnetem Informationsstand) und dem Lorbeerwäldchen Los Tilos. Leider muss der erste, von Touristenbussen angefahrene Bereich des wichtigen Waldstückes durch einen Holzzaun vor den alles niedertrampelnden ›Naturfreunden‹ geschützt werden. Diese Grenze sollte man unbedingt respektieren.

Weiter geht es über eine schmale, aber gut ausgebaute Straße in die Lorbeer-Schlucht, **Barranco del Laurel**, hinein. Wer einen Blick für Botanik hat, wird zwischen Mispeln und Kakteen die wenigen Reste des ursprünglichen Lorbeerwaldes erkennen, eine faszinierend dichte und verschlungene Vegetation.

Eng und steil führt die Straße weiter nach Fontanales, zur faszinierenden *Caldera Pinos de Gáldar* [Nr. 45] und zum höchsten Dorf der Insel, nach *Artenara* [Nr. 47], schließlich (als Sackgasse) zum *Pinar de Tamadaba* [Nr. 48], dem wohl schönsten Kiefernwald der Insel.

Wie ein Volksfest gestaltet sich der Zug der Santa María durch die Straßen von Guía

12 Santa María de Guía de Gran Canaria

Stadt des inseltypischen ›Blumenkäses‹ und der handgeschmiedeten, kunstvoll mit Einlegearbeiten geschmückten Messer.

Von Moya aus führt die GC-150 nach Nordwesten, am Naturschutzgebiet **Los Tilos** vorbei und in sehr scharfen Kehren mit herrlichen Ausblicken in tiefe *Barrancos* bis ans Meer. Rechts taucht der kegelförmige **Pico de Gáldar** (434 m) auf, den die Leute von Guía lieber *Pico de Guía* nennen.

Nach weiteren 16 km Fahrt stößt man auf die Küstenschnellstraße und erreicht bald darauf das Städtchen Santa María de Guía de Gran Canaria.

Guía, wie es auch kurz genannt wird, breitet sich auf einem nur 186 m hohen Hügel südlich der Durchgangsstraße aus: ein enges Gewirr von Gassen und Plätzen in malerischer Hanglage. Guía war im 16. Jh. als Vorort der Königsstadt Gáldar entstanden. Herzstück des quirligen Landstädtchens mit ca. 14 000 Einwohnern ist der **Kirchplatz**. Er wird von schmalen Gassen mit farbenfrohen kanarischen Häusern umgeben, darunter die ländliche *Casa Quintana* (16. Jh.) mit kleinem überdachtem Balkon.

Stolz sind die Einheimischen auf die reiche Ausstattung ihrer klassizistisch geprägten, geradezu wohnlich wirkenden Kirche **La Asunción**. Ihre schönen Holzdecken sind im *Mudéjar*-Stil gearbeitet und sie besitzt mehrere Skulpturen von Luján Pérez, der aus Guía stammte (seine Büste steht vor dem Postamt neben der Kirche). Pérez schuf das **Kruzifix** über dem Hochaltar und mehrere Figuren in der großen Kapelle des **Señor de la Colón** (›Herr der Säule‹) rechts. Auf Anfrage darf man über ein seitliches Treppenhaus zur zartgesichtigen **›Virgen Santa María de Guía‹** über dem Hauptaltar hinaufsteigen, wo auch ihr Schatz aus kostbaren Gewändern zu besichtigen ist. Am 15. August wird sie in einer langen, äußerst lebenslustigen Prozession durch die alten Gassen getragen.

Auch an einem solchen Feiertag sind die meisten Geschäfte geöffnet, vor allem die *Tiendas* und *Tapas*-Bars, in denen man die bekannteste Spezialität Guías probieren kann: den *Queso de Flor*, den **Blumenkäse** aus Schaf- oder Ziegenmilch, fermentiert mit dem Blütensaft von Wildartischocken. Das gibt dem Käse den aromatisch säuerlichen Geschmack und hält ihn über Wochen weich. Heutzutage macht Valsequillo [Nr. 56] mit seinem Blumenkäse aus Ziegenmilch Guía Konkurrenz. Tipps: Di und So findet hier ein stets gut besuchter Markt statt und Ende April/Anfang Mai wird die **Fiesta del Queso** (Käsefest) mit Markt und Folklore gefeiert.

Bekannt sind auch die **Messer** von Guía mit ihren runden Griffen, die mit kunstvollen geometrischen Einlegearbeiten aus Metall und Horn verziert sind. Sie sind ein traditionelles Werkzeug der Bauern und Viehzüchter auf Gran Canaria. Echte Handarbeit findet man zwar noch, aber heutzutage werden die meisten Messer industriell gefertigt.

i Praktische Hinweise

Einkaufen

La Tienda, Calle Marques del Muni 34, Guía. Der älteste (Ende 19. Jh.) und sicher faszinierendste Laden des Ortes nahe der Pfarrkirche; hier kann man den Blumenkäse auch portionsweise probieren und dazu ein Glas Wein trinken.

Los Quesos, Carretera General 17 (Richtung Gáldar), Guía. Im zweitältesten, Anfang des 20. Jh. eröffneten Käseladen des Ortes erhält man ebenfalls die lokale Spezialität Blumenkäse, aber auch Kunsthandwerk. Im dazugehörigen Restaurant werden *Tapas* serviert.

Bienenwabenartig drängen sich die Höhlen von Valerón im Schutz des Felsüberhangs

13 Cenobio de Valerón, San Felipe und San Lorenzo

Beeindruckende Anlage vorspanischer Guanchen-Höhlen – die größte ihrer Art.

Top Tipp

Eine der interessantesten altkanarischen Stätten, **Cenobio de Valerón** (wegen Restaurierung bis Frühjahr 2007 geschl.), liegt etwas versteckt an der GC-291 zwischen Santa María de Guía und San Felipe. Besucher sollten sich zuvor beim *Centro Cultural y Medio Ambiente* (Tel. 928 21 94 21) über die Zugänglichkeit der Höhlen erkundigen.

Unter einem weit vorhängenden Felsdach, also gut vor Regen und Wind geschützt, sind rechts oberhalb der Straße mehr als 300 Höhlen in allen erdenklichen Größen und Formen zu sehen. Sie dienten den Guanchen vermutlich als Getreidespeicher. Manche Archäologen meinen, diese Höhlen könnten durchaus eine Doppelfunktion gehabt haben: Getreidespeicher und Kultplatz zugleich. In der Volksmeinung aber soll es sich bei der Anlage um eine Art Kloster (span.: *Cenobio*) für von Priestern beaufsichtigte Jungfrauen (*Hermiguadas*) gehandelt haben, die hier vor ihrer Heirat buchstäblich gemästet wurden.

Die alte, kurvenreiche Landstraße Richtung Las Palmas führt weiter zu Meer und Strand, nach **San Felipe**. Das winzige Dorf liegt unterhalb der höchsten Brücke Spaniens, der *Puente de Silva*, 128 m über dem *Barranco Hondo*.

Im benachbarten **San Lorenzo** treffen sich an warmen Wochenenden Bewohner der Umgebung und Besucher aus Las Palmas. In den brandungsumtosten Felsenstrand ist ein breites Meerwasserbecken eingelassen, das die Einheimischen **Charco de San Lorenzo** nennen. Ringsum gibt es in Ständen kleine Garküchen. Ein größeres Restaurant lockt mit wackeligen Tischen auf einer Terrasse, es duftet nach Fisch – und allenthalben herrscht eine ausgelassene Stimmung. Ein Stück weiter östlich auf einer Landzunge ragt wie eine Festung das weiße Fischernest **El Roque** empor, das man nur zu Fuß erkunden kann.

Wer von Las Palmas direkt in den Westen der Insel fährt, kann vor Guía [Nr. 12] den Abstecher zum Cenobio de Valerón einbauen oder nach dem Besuch von San Felipe über die alte Landstraße hinfahren (neue Verkehrsführung, ausgeschildert).

i Praktische Hinweise

Restaurants

El Paso, direkt am Meerwasserbecken, San Lorenzo. Neben bunten Strandkabinen gibt es frischen Fisch, einfach zubereitet und ungeheuer lecker (So geschl.).

Los Pescaditos, am Meerwasserbecken, San Lorenzo. Stets fröhlich-lautes, preiswertes, bei Einheimischen sehr beliebtes Fischlokal, auch mit halben Portionen.

14 Gáldar

Die erste Hauptstadt Gran Canarias ist stolz auf ihr Guanchen-Erbe.

Das lebhafte Gáldar (145 m Höhe) war die erste Siedlung der Altkanarier mit einem Monarchen. *Real Ciudad de Santiago de los Caballeros de Gáldar* nannten die Spanier die später von ihnen eroberte Stadt.

Atidamana und Gumidage hießen die ersten *Guanartemes* (Könige) der Altkanarier, deren *Alcazar* (Palast) an der Stelle der heutigen Pfarrkirche stand. In der Hofkapelle zelebrierte *Bischof Fray Juan de Frias* im Beisein von Santiago de los Caballeros nach dem Sieg der Spanier

In Stein verewigt überblickt Tenisor Semidán die Plaza del Faycán in Gáldar

über die Guanchen die erste Messe und nahm sich dann der Canarios an.

Heute leben etwa 6000 Menschen in Gáldar. Ihr Wohlstand begündet sich auf der Bananenwirtschaft und der Bezirksverwaltung, für die in den letzten Jahren ein prächtiges Gebäude im postmodernen Stil entstand. Soviel Wichtigkeit zieht freilich viel zu viele Autos in die kleine Stadt, die zu den Bürostunden vor dem Verkehr zu kapitulieren scheint.

Die Straßen des historischen Kerns (meist mit Parkzeitbeschränkung/Blaue Zone) tragen altkanarische Namen wie den von *Tenisor*, dem letzten Kanarenkönig, und sind mit gusseisernen Laternen sowie Blumenständen dekoriert.

Den Mittelpunkt des Städtchens bildet die hübsche, baumbeschattete **Plaza de Santiago**. Auffällig ist hier die braungraue, stark strukturierte Fassade der Pfarrkirche **Santiago de los Caballeros** (zur Messe und So zu besichtigen). Die Bauweise ist kanarisch-klassizistisch mit drei Portalen und zwei aufgesetzten Glockentürmen. Die seitlichen Mauern sind gelb getüncht und zeigen durch den dunklen Stein der kräftigen Lisenen eine deutliche Gliederung. Diese setzt sich in der dreischiffigen Basilika mit ihren beiden Kapellenreihen rechts und links fort. Die oktogonalen Pfeiler wirken recht gestelzt. Zur Ausstattung der Kirche gehört ein markantes Kunstwerk: Die Rettung der Altkanarier vor dem Fegefeuer durch ihre Missionierung bzw. Christianisierung (in der ersten Seitenkapelle links). Schön sind die großen Glasmalereien der Fenster, kostbar die schweren Silberarbeiten. Man darf sich nicht daran stören, dass hier wie in fast allen Kirchen der Insel die Rosenkranz-Messe vom Tonband abgespielt wird.

Das schlichte **Rathaus** (Haus Nr. 1) steht links von der Kirche und gliedert sich schön in die Fronten der Häuser aus dem 17. und 18. Jh. ein. Zu den Amtsstunden kann man in den geradezu intim wirkenden Innenhof eintreten und einen uralten Drachenbaum bestaunen. 1718 soll er gepflanzt worden sein – damals hatte man wohl nicht damit gerechnet, dass er eines Tages beinah den gesamten Innenhof ausfüllen würde.

Auf der Rückseite des Rathauses befindet sich in der Calle Facaracas das dreigeschossige, im Jahr 1912 erbaute *Theater*. Das Gebäude ersetzte das alte, bereits von Isabella II., gegründete Theater.

TOP TIPP Im Stadtzentrum von Gáldar befindet sich auch das **Museo y Parque Arqueológico Cueva Pintada** (Di–Sa 9.30–20 Uhr, So 11-20 Uhr, www.cuevapintada.org), eine der wichtigsten altkanarischen Fundstätten Gran Canarias. Zentrum und Höhepunkt des Archäologischen Parks ist die 1873 entdeckte **Cueva Pintada**, ein einzigartiges Zeugnis altkanarischer Kunstfertigkeit: Die Wände der Höhlenkammer sind mit geometrischen Mustern in Rot, Schwarz und Weiß dekoriert. Vor der Bemalung wurden die Felsen sorgfältig mit Mörtel geebnet und mit Ton glatt gerieben. Auf diese Grundierung wurden dann die Farben aus Mineralstoffen wie Rötel und gebrannter Ton aufgetragen. Das Dekorationssystem aus Dreiecken, Kreisen und Vierecken wurde, ausgehend von der Zentralachse der Höhle, symmetrisch angeordnet, was auf die Verwendung eines Entwurfs schließen lässt.

Bis heute konnte nicht geklärt werden, welche Bedeutung die Felsmalereien haben, doch unumstritten ist die Funktion der Höhle als Kultplatz und Versammlungsort. Dafür spricht auch die Lage der Cueva Pintada im Zentrum von *Agaldar*, eine der wichtigsten Guanchen-Siedlungen Gran Canarias, die vom 6. bis zum 16. Jh. bestand. Rund um die Höhle wurden bei Grabungsarbeiten die Fundamente von mehr als 60 **Steinhäusern** freigelegt und können bei einem Rundgang durch den Archäologischen Park besichtigt werden. Auch wurden mehrere altkanarische Häuser originalgetreu nachgebaut und vermitteln eine Vorstellung vom Leben in der Siedlung. Im **Museum** schließlich sorgen Dokumentationsfilme und die zahlreichen anschaulich präsentierten Fundstücke, darunter Kultobjekte, Werkzeuge und Tongefäße dafür, dass man eine gute Vorstellung vom Alltag der Guanchen gewinnt.

Unweit vom Archäologischen Park befindet sich eine weitere Stätte altkanari-

Noch immer geben die geometrischen Wandmalereien der Cueva Pintada in Gáldar Rätsel auf

Wie fühlt sich das wohl an? Der Reptilandia Park bietet Erfahrungen aus erster Hand

scher Kultur: die riesige **Nekropole La Guancha**, die Grabanlage des *Guanartemato de Gáldar*, des Königreiches von Gáldar. Um dorthin zu gelangen, folgt man vom Kirchplatz aus dem Hinweisschild nach Algujero.

i Praktische Hinweise

Restaurant

Alcori, Calle Capitan Quesada s/n, Gáldar, Tel. 928 88 36 74. Einfaches Restaurant im Zentrum mit Tischen auf der Gasse sowie langem Büffet zum Frühstück und für kanarische *Tapas*. Nebenan befindet sich eine Pizzeria.

15 Puerto Sardina del Norte

Fischerdorf mit dunklem Sandstrand im äußersten Nordwesten Gran Canarias.

Was die Grancanarios so an diesem kleinen Hafen in der fast schwarzen Felsenbucht fasziniert, ist nicht auf den ersten Blick zu erkennen. Aber die dunkle Bucht verfügt tatsächlich über einen gewissen Charme. Vor allem aber locken der frische Fisch und die *Mariscos*, die man hier im Restaurant und an Ständen zu essen bekommt – oder selber fängt. Das Ortszentrum liegt unweit des dunklen Sandstrandes, der Fischerhafen befindet sich ein Stück weiter südlich. In der Umgebung des Fischerdorfes sind viele neue Apartmenthäuser entstanden.

Hinweis: Parken darf man am Hafen nur zeitlich begrenzt in der Blauen Zone.

i Praktische Hinweise

Restaurants

La Fragata, Puerto Sardina del Norte, Tel. 928 883296. Sehr großes und teures Lokal um ein altes Schiff herumgebaut: Der Grill ist im Schornstein, die Bar rings um den Rumpf und die Küche im Maschinenraum (Mo geschl.).

La Cueva, direkt über dem Strand, Puerto Sardina del Norte, Tel. 928 88 02 36. Einladendes preiswertes Fischlokal in einer Höhle, auch mit *Tapas*.

16 Reptilandia Park

TOP TIPP *Faszinierender Ausflug ins Reich der Echsen und Schlangen.*

Nimmt man von Gáldar [Nr. 14] die neue Straße nach Agaete [Nr. 17], lohnt sich nach ca. 3 km ein Abstecher zum Reptilandia Park (tgl. 11–17.30 Uhr, Weihnachten geschl.). Der **Zoo** liegt in der rauen Landschaft des 469 m hohen Almagro-Hügels mit weitem Blick über Treibhäuser und Stallungen hinweg aufs Meer.

Der spanische Biologe Luis Lopéz und der englische Hobbyzoologe Jim Pether haben hier einen interessanten **Reptilienpark** mit mehr als 500 Tieren aus ca. 100 Spezies geschaffen. Besonders stolz ist Jim auf die zahlreichen Tierbabys, die hier geboren und großgezogen werden – im Jahr an die 500. Sie werden entweder mit anderen Zoos getauscht oder verkauft: Schlangen, Leguane, Eidechsen, aber auch Affen (darunter die kleinsten der Welt) und Papageien. Ferner gibt es einige seltene Tiere wie den Skink (Glattechse), der aussieht wie eine Schlange mit Füßen, oder eine unglaublich hässliche Landmoräne, die ihre Haut abwirft wie eine Schlange!

So manche der hier lebenden Tiere wurden auf Schiffen oder am Flughafen von den Zollbehörden konfisziert – ihre Ausfuhr verstößt gegen das Washingtoner Artenschutzabkommen – und den rührigen Zoobetreibern übergeben.

17 Agaete

Freundliches Städtchen am Ausgang eines blühenden Tales.

An den Hängen am Straßenrand wachsen Opuntien und riesige Wolfsmilchbüsche (*Tabaibas*), oleanderblättrige Kleinien sowie Agaven und Buschdornlattich mit gelben Blüten. Die übrige Landschaft Richtung Küste ist aber im Sommer fast nackt, braun und ausgedörrt. Von Gáldar kommend, windet sich die neue Schnellstraße zum **Llano de las Mariscas** hoch, um sich bald wieder abwärts zu senken und fast schnurgerade zu dem nur 41 m hoch gelegenen Agaete zu führen.

Das Leben des Städtchens, das mit fast 6000 Einw. das größte an der Westküste ist, spielt sich um die schlichte klassizistische Pfarrkirche **La Concepción** (1874–81) ab, in der vorübergehend das Triptychon ›*Virgen de las Nieves*‹ (s. u.) aus Sicherheitsgründen aufbewahrt wird. In den kleinen Bars rings um den Kirchplatz treffen sich die Männer zum *Tapas*-Essen. Abends versammeln sich an der Kirche die Jugendlichen.

Praktische Hinweise

Information

Información Turística, Calle Nuestra Señora de las Nieves 1, Agaete/Puerto de las Nieves, Tel. 928 55 43 82, Fax 928 89 86 05, www.aytoagaete.es

18 Puerto de las Nieves

Von Agaete nur 1 km entfernt, liegt das hübsche Fischerdorf direkt am Meer.

Die kurze Strecke zwischen Agaete und Puerto de las Nieves lässt sich auch zu Fuß bewältigen, obwohl man wohl eher in letzterem Ort einen Parkplatz bekommt.

Touristisch bedeutsam wurde das Städtchen erstmals 1995 mit Etablierung der *Fährverbindung* zur Nachbarinsel Teneriffa (mehrmals tgl., s. S. 125). Der hübsche Hafenort hat inzwischen durch eine Shoppingmeile, Bars und Restaurants, durch einen Jachthafen und eine lange Strandpromenade noch zusätzlich an Attraktivität gewonnen. Häufig duftet es hier nach frischen Fischgerichten, sowohl an der Meerespromenade entlang des Hafens, als auch in der Hauptgasse von Puerto de las Nieves, die parallel zum Meer verläuft.

Im Vorgängerbau der **Ermita de Nuestra Señora de las Nieves** wurde die erste

Bajada de la Rama

Anfang August geht es in Agaete und dem kleinen Nachbarort Puerto de las Nieves hoch her. Dann wird die Bajada de la Rama begangen, ein Fest, das auf einen altkanarischen **Regenritus** zurückgeht.

Am ersten Festtag, dem 4. August, tanzen sich die Bewohner von Agaete geradezu in Ekstase. Mit jungen Zweigen von Pinar de Tamadaba in den Händen ziehen sie, nach Regen rufend, von Agaete aus zum Hafen von Puerto de las Nieves. Dort legen sie die Zweige dem Bild der schönen **›Virgen de las Nieves‹** in ihrem Triptychon aus dem 16. Jh. zu Füßen. Anschließend wird eine Kopie des Bildnisses der ›Jungfrau vom Schnee‹ von Puerto de las Nieves in die Pfarrkirche von Agaete getragen. An dieser Prozession nehmen jedes Jahr bis zu 20 000 Gläubige teil.

In der Nacht vom 16. auf den 17. August wird in den Gassen beider Orte wieder mit Musik und Tanz gefeiert. Höhepunkt ist ein großes **Feuerwerk** über dem Meer. Am 17. August begleitet eine neuerliche Prozession das Bild der ›Virgen de las Nieves‹ zu ihrer angestammten Kapelle am Hafen von Puerto de las Nieves zurück.

Offiziell endet das Fest erst am 25. August. Dann – so sagen die Leute von Agaete – hört endlich der trocken-heiße Wind auf zu blasen und der schon in altkanarischen Zeiten erflehte Regen kann kommen.

Messe zu Ehren der ›Jungfrau vom Schnee‹ 1559 von Cairasco gelesen. Das heutige Gotteshaus stammt aus dem Jahr 1870 und ist leider nur selten zugänglich. Doch einmal im Jahr ist es Schauplatz eines der ausgelassensten Feste von Gran Canaria, der *Bajada de la Rama* [s. S. 62]. An den Höhepunken der Feierlichkeiten, am 4. und 17. August, hat das Kirchlein dann seine Pforten für jedermann geöffnet. Grund der *Bajada* ist das Triptychon ›*Virgen de las Nieves*‹ (derzeit aus Sicherheitsgründen in der Kirche von Agaete verwahrt). Freilich ist das Kunstwerk viel zu kostbar und bleibt auch während des Festes in der Kirche. An seiner Statt wird eine Kopie der ›Jungfrau vom Schnee‹ in einer langen **Prozession** nach Agaete getragen und in der dortigen Pfarrkirche für die Dauer der Feierlichkeiten aufgestellt.

Das **Triptychon** (wahrscheinlich von Joos van Cleve, 1485–1540) wurde im Jahr 1533 aus Flandern hierher gebracht. Das dreiteilige Altarbild zeigt die Jungfrau mit dem Jesuskind, rechts vom hl. Franz von Assisi und links vom hl. Antonius flankiert. Im Hintergrund öffnet sich der Blick auf eine herrliche Landschaft. Die spanischen Auftraggeber des kostbaren Werkes sind in zwei Medaillons zwischen den Altarflügeln dargestellt.

Ein Stück weiter südlich (links vom Fischer- und Fährhafen) öffnet sich vor hoher Felswand eine kleine **Badebucht**, an deren Rand ein steiler Fels aus dem Wasser ragte: **El Dedo de Díos**, der ›Finger Gottes‹. Am 28. November 2005 aber brach der zerstörerische Tropensturm Delta, der auf den Kanaren Schäden in Millionenhöhe anrichtete, einen Teil der fotogenen Felsnadel ab. Die Wiederherstellung des Wahrzeichens ist in Planung.

Praktische Hinweise

Hotel

******Puerto de las Nieves**, Av. Alcalde José de Armas, Puerto de las Nieves, Tel. 928 88 62 56, Fax 928 88 62 67, www.hotelpuertodelasnieves.es. Architektonisch gelungenes, modernes Hotel nahe dem Hafen, innen wie ein Schiff gestaltet, mit Spa-Center.

Restaurants

Restaurante Puerto de Laguete, Puerto de las Nieves 9, Tel. 928 554001. Nettes Fischrestaurant im Seemanns-Look in früheren Tomatenhallen direkt am Hafen, etwas teurer.

›Jungfrau vom Schnee‹ – Anlass für höchste Verehrung und ausgelassene Feste (Detail)

TOP TIPP **El Dedo de Díos**, Puerto de las Nieves s/n, Tel. 928 89 80 00. Direkt vor dem namengebenden ›Finger Gottes‹ am kleinen Kiesstrand gelegenes Fischlokal in einem früheren Lagerhaus; relativ preiswert (Di geschl.). Mit Apartmentvermietung.

19 Valle de Agaete

TOP TIPP *Nur 8 km lang ist das liebliche Tal von Agaete, aber eine überwältigende Blütenpracht erwartet den Besucher.*

Zu empfehlen ist eine Fahrt oder noch besser eine **Wanderung** durch das vielleicht fruchtbarste, blühendste Tal der Insel (Hinweisschilder im Zentrum von Agaete nahe der Pfarrkirche beachten). Das *Valle* ist inzwischen eine begehrte Adresse, weshalb außer dem alten Ort San Pedro auf der linken Talseite noch eine größere Villensiedlung im dichten Grün auszumachen ist.

Hier im Tal ist die Welt noch in Ordnung, verstreut liegen ein paar *Fincas* im Grünen, um die herum u. a. Orangen, Bananen, Papayas, Avocados und sogar Kaffee angebaut werden. Eine der Fincas, die im Besitz der Grafen Manrique de Lara ist, wurde inzwischen zu einem schönen Landhotel ausgebaut (s. u.).

Autowandern entlang der Stauseen

Eine der schönsten und aufregendsten Fahrtstrecken Gran Canarias ermöglicht die Straße von San Nicolás entlang der Stauseen des **Barranco de Aldea** und weiter in Richtung Artenara [Nr. 47]. Allerdings ist der Straßenabschnitt zwischen dem Embalse de Paralillo und dem Embalse Candelaria so eng, führt ohne Seitenbegrenzung über den Barranco und gipfelt in so schmalen Haarnadelkurven, dass man als Autofahrer sehr gute Nerven haben sollte. Belohnt wird man mit **herrlichen Ausblicken**, ob zu Beginn der Fahrt abwärts ins fruchtbare Tal von San Nicolás oder später über die markanten Gipfel und schroffen Felsen des Inselinneren und natürlich auf die Stauseen.

Auf halber Höhe des **Altavista** (1377 m) lockt eine alte Windmühle, von der aus man abermals atemberaubende Ausblicke genießen kann. Bis zur Landstraße nach Artenara sind es etwa 40 aufregende Kilometer, für die man mindestens drei Stunden einplanen sollte. Es sei denn, man hat einen Picknick-Korb gepackt und findet eine hübsche Raststelle an einem der Stauseen – dann kann es natürlich noch länger dauern.

Als Fahrstrecke weniger anstrengend, aber landschaftlich nicht minder schön ist die Fortsetzung der Route nach Norden über die kleineren Stauseen (u.a. Embalse de los Pérez) zwischen **Casas Las Hoyas** und dem 1082 m hohen **Gordo**. Auf dessen nordwestlicher Seite dehnt sich das herrliche Valle de Agaete aus. Der Blick ins Tal ist unvergleichlich schön, doch es gibt keinen Straßenzugang an diesem Ende des Tals.

Dafür zählt das Autobummeln in den almenähnlichen Calderas nördlich von Artenara zu den ganz großen Genüssen auf Gran Canaria. Über Juncalillo [Nr. 46] oder Fagajesto ließe sich die Fahrt nach Fontanales und sogar in den Barranco del Laurel [Nr. 11] und bis Moya [Nr. 10] fortsetzen.

Zwischen schroffen Felswänden funkelt der Embalse de Paralillo wie ein Smaragd

Verträumt liegt die Finca Las Longueras im fruchtbaren Valle de Agaete

Auf halber Strecke lockt das Restaurant Casa Romántica (s. u.). Angeschlossen ist ein kleines Museum (tgl. 10–18 Uhr) für den kanarischen Dichter Alonso Quesada (1886–1925), der hier die Sommer 1919–24 verbrachte. Am Ende des Tales bietet das **Balneario Los Berrazales**, ein Kurbad mit größerem nostalgischem Hotel, eine zauberhafte Sommerfrische.

Das Talende bewacht der 1082 m hohe **Gordo**. Er lässt sich nur zu Fuß mit guten Wanderstiefeln bezwingen und auch dann ist seine Besteigung alles andere als ein Spaziergang.

i Praktische Hinweise

Hotel

****Princesa Guayarmina**,
Los Berrazales, Valle de Agaete s/n, Tel. 928 89 80 09, Fax 928 89 85 25, guayarmina@canary-guide.com. Nostalgisches Kurhotel am Ende des Tales mit Restaurant und Pool; einladend und sehr ruhig.

Finca Las Longueras, Valle de Agaete s/n, Tel. 928 89 81 45, Fax 92 88 987 52, www.laslongueras.com. Herrlich und ruhig über dem Tal gelegenes Landhotel. Zehn fein eingerichtete Zimmer, Gesellschaftsräume, Pool und Snackbar.

Finca La Mareta, Valle de Agaete s/n, Mobil-Tel. 619 28 71 11, Fax 928 48 09 13. Casa Rural mit Ferienwohnungen in drei schön hergerichteten historischen Bauernhäusern inmitten einer Obstplantage, mit Pool.

Restaurant

Casa Romántica, Valle de Agaete, km 3,5, Tel. 928 89 80 84. Ausflugscafé und Restaurant inmitten eines hübschen Obstgartens. Es gibt kanarische Spezialitäten und frische Säfte. Der Kaffee stammt aus eigenem Anbau.

Üppigste Natur macht den Barranco de Agaete zu einer Augenweide

20 Von Puerto de las Nieves nach San Nicolás de Tolentino

In herrlichen Kehren steigt die GC-200 steil über Puerto de las Nieves an und führt als wahre Küsten-Panorama-Straße 39 km südwärts nach Aldea de San Nicolás.

Noch viele Kehren und Kilometer weit ist immer wieder der Hafen von Puerto de las Nieves [Nr. 18] aus meist schwindelnder Höhe zu erkennen. Dann richtet sich der Blick nach Süden. Die Felsen an beiden Straßenseiten sind fast nackt, nur vereinzelt erheben sich dazwischen ein paar Kandelaber-Euphorbien. Man passiert einen palmenübersäten *Barranco* und dann den Pass **Cruz del Tabaibal**.

In schneller Fahrt geht es anschließend abwärts ins beträchtlich angewachsene **El Risco**. Dort folgt die Bergstraße in einer scharfen Kehre kurz dem Lauf des Risco-Baches ins Inselinnere.

Entlang dem *Barranco* in Richtung Küste kann man einen Abstecher zur schlichten steinigen **Playa del Risco** machen. Auf der Hauptstrecke führt eine kurze Pfefferbaumallee in die Kurve, in der die **Bar Perdomo** (mit kleinem Supermarkt) liegt. Nett ist auch der Platz gegenüber mit seinen Schatten spendenden Gummibäumen – sozusagen der Dorfplatz für die wenigen, verstreut liegenden Häuser der Gegend.

◁ *Kühn folgt die Straßenführung der zerklüfteten Küste im Westen*

Man sollte beachten, was am Straßenrand immer wieder zu lesen steht: ›*En caso de lluvia…*‹ (›*Im Falle von Regenfällen …*‹). Dann nämlich herrscht auf Teilstücken der Westküstenstraße **Fahrverbot**!

Bald darauf geht es wieder küstenwärts. Nach einem kurzen Tunnel rückt das Meer in die Ferne und ist eine ganze Weile nicht mehr zu sehen. Felsformationen aus Vulkangestein zeigen alle nur erdenklichen Farben und Formen. Riesenbrocken scheinen aus den *Barrancos* ausgespuckt worden zu sein, als habe erst gestern die Erde gebebt.

Nach einem längeren Tunnel ist wieder das Meer zu sehen, an den Hängen sind vereinzelt Felder terrassiert. Dann beherrschen dunkle Basaltfelsen das Bild, die Berglandschaft wird wilder und nicht selten fährt man hier in eine Wolkenwand hinein: **Andén Verde** heißt der Platz. Man kann am ausgebuchteten Straßenrand den Wagen abstellen und ein paar Meter zurückgehen, um den weiten Blick über die wilde Nordwestküste Gran Canarias zu genießen.

Südwärts zieht sich das fruchtbare Valle de Aldea mit seinen Feldern und Treibhäusern tief ins Inselinnere hinein. Nach kurzer Fahrt gelangt man zum **Mirador del Balcón** – und wirklich: Wie von einem Balkon aus genießt man hier am Hang des 514 m hohen *Carriso* die Küstenlandschaft tief unten. Noch eine schöne Straßenschleife und abwärts geht es die letzten 6 km zur **Playa de la Aldea** bzw. **Puerto de San Nicolás**. Die kleine Strand- und Hafensiedlung mit langer Promenade und ein paar Fischrestaurants wird an Wochenenden von den Bewohnern des Tales gestürmt. Neben einigen Booten im kleinen Fischerhafen gibt es noch einen weitläufigen Picknickplatz mit großem Parkplatz. Hier, an der Mündung des langen, fruchtbaren *Barranco de Aldea*, wurde ein ausgedehnter Park mit einigen Palmen und Tamarisken angelegt.

Nur noch 4,5 km sind es in das malerisch gelegene, aber durch riesige Treibhäuser verbaute Städtchen **San Nicolás de Tolentino**. Ab hier zeigt das weite Tal von Aldea sein romantisches Gesicht mit vielen verfallenen Windmühlen und einer dichten Folge von Stauseen: **Embalse de San Nicolás**, **Embalse Caidero de la Niña**, **Embalse de Siberio** (zu Beginn des namengebenden, nächsten *Barranco*) und **Embalse de Paralillo**. Eine abenteuerliche Fortsetzung der Tour entlang den Stauseen über den **Embalse Candelaria** nach Norden bis nach Artenara [Nr. 47] bzw. Pinar de Tamadaba [Nr. 48] ist möglich [s. S. 64].

Praktische Hinweise

Restaurants

Aguas Marinas, Puerto de San Nicolás, Tel. 928 89 11 52. Freundliches Fischlokal an der Promenade. Reelle Preise.

Bar Avenida, Puerto de San Nicolás. Kleineres, preiswertes Fischrestaurant.

Der Süden – Badefreuden ohne Ende

Wo bis vor wenigen Jahrzehnten noch die größten *Tomatenplantagen* der Insel riesige Flächen bedeckten, hat heute der **Tourismus** gesiegt. Zu hart war die Arbeit, zu kostspielig und mühsam das Bewässern der Treibhäuser und Felder auf dem wenig fruchtbaren Land im wüstenähnlichen Klima.

Für sonnenhungrige Mittel- und Nordeuropäer ist dies aber genau das richtige Gebiet. So verlagerte sich der Fremdenverkehr von der Inselhauptstadt Las Palmas mit ihrem etwas unsicheren Wetter in den Süden, der Sonne pur und wolkenlosen Himmel verheißt. Zwischen **Puerto de Mogán** und **San Agustín** entstand eine Ferienlandschaft für mehr als 150 000 Strandurlauber. Jährlich nutzen Hunderttausende Besucher das Angebot: im Südwesten an engen Felsenbuchten mit meist aufgeschüttetem Sandstrand, im Südosten verwöhnt von den weiten, goldsandigen Dünen von **Maspalomas** und kilometerlangen, breiten Sandstränden.

Im Landesinneren führen im Westen 24 km schönste **Bergstrecke** mit einladenden Haltepunkten von **San Nicolás** südöstlich nach **Mogán**, vorbei an den blau-grünen Vulkanfelsen von **Los Azulejos**. Kaum ein Urlauber lässt sich diese **Entdeckungstour** durch die Insel entgehen, auf der gleich vier **Barrancos** zur Fahrt an die Küste einladen: Noch etwas holprig zu fahren sind die von **Tasártico** und **Veneguera**, perfekt erschlossen sind der von **Tasarte** und der **Barranco de Mogán**.

21 Playa de Tasártico

Düster-schöner Kiesstrand – genau richtig für Freunde der Einsamkeit.

Fährt man auf der schönen Bergstrecke GC-200 von Aldea de San Nicolás nach Mogán, führt gleich die erste Abzweigung rechts in den *Barranco de Tasártico*. Allerdings ist die 11 km lange Fahrt durch die Schlucht zum Meer sehr anstrengend, vor allem die schlimme Staubstraße ab der kleinen Siedlung von Tasártico zwischen allgegenwärtigen Treibhäusern. Am Ende der Stichstraße wartet auf den wagemutigen Urlauber ein steiniger Strand, der Einsamkeit, Ruhe und Frieden verspricht.

Sehr schön ist die fast schwarze, steile Basaltwand mit ihren zahlreichen ›Blasen‹ rechts und links vom Strand. Während der Wintermonate sollten Besucher daran denken, ausreichend Verpflegung mitzunehmen.

◁ **Oben:** *Die Dünen von Maspalomas – ein Traum von Strand und Meer*
Unten: *Tropisch-üppig gibt sich der Süden im Barranco de Mogán*

22 Playa de Tasarte

Vulkangestein und schwarzer Sand prägen den hübschen, kleinen Strand.

Die Straße in den 11,5 km langen *Barranco de Tasarte* ist bis kurz vor seinem Ende asphaltiert. Mit den drei ineinander übergehenden, lang gezogenen Straßendörfern Tasarte, El Manantial und Santa Brígida ist das Tal relativ dicht bebaut. Von intensiver Landwirtschaft zeugen Treibhäuser, junge Papayapflanzungen sowie Mango- und Avocadogärten. Sogar eine Bananenplantage ist auszumachen – wo doch alle Welt davon spricht, dass sich der Anbau von Bananen auf Gran Canaria nicht mehr lohne! Außerdem gibt es hier auch ein Agrarzentrum und eine Baumschule für Palmen.

Das Tal läuft zum Meer hin in die groben schwarzen Kiesel der *Playa de Tasarte* aus. Rechter Hand findet man Sommeridylle pur: Einige windschiefe Hütten stehen am Strand, Fischerboote sind den steilen, dunklen Hang hochgezogen. Im Sommer ist das Wasser bei Ebbe seicht und einladend, Kinder spielen am Ufer, Angler warten auf einen Fang.

i Praktische Hinweise

Restaurant

Oliva, Playa de Tasarte. Angenehmes kleines Restaurant mit guten Fischgerichten in familiärer Atmosphäre. Am Wochenende sehr gefragt!

23 Los Azulejos

Das faszinierende Farbspiel der blau-grünen Felsen wirkt geradezu außerirdisch.

Rund 4 km östlich von Tasarte, an der *Degollada de Veneguera*, bietet die Natur ein eindrucksvolles Schauspiel. Am Fuße des 1426 m hohen **Inagua** kommen links über einer großzügigen Straßenkurve die unwirklich blauen und grünen **Felshänge**, *Los Azulejos*, in den Blick, um die sich die Straße ein paarmal herumwindet. Je nach Sonnenstand zeigt das Gestein verschieden intensive helle oder dunkle blau-grüne Streifen. Es handelt sich um poröses, geschichtetes, stark mineralhaltiges Tuffgestein, das man sich näher ansehen kann: bei einem kurzen Aufstieg von der nahen Straßenbar aus oder bei einer längeren *Wanderung* (Auskunft zu geführten Touren in der Bar). Bei näherem Hinsehen erkennt man, wie brüchig das schiefrig-mineralische Gestein ist, das an den vulkanischen Ursprung der Insel erinnert.

In bizarrer Schönheit erinnern die ›Azulejos‹ an Zeiten, als die Erde noch jung war

24 Barranco de Veneguera

Fruchtbare Schlucht mit blühender Vegetation und einem friedlichen Sandstrand.

Gleich hinter der Abzweigung von der GC-200 südwärts liegt die Ansiedlung **Las Casas de Veneguera**. Von dort führt die Straße steil nach unten und dann relativ flach 10 km weiter bis ans Meer. Staubige, sehr schlechte Piste und schmales Asphaltband wechseln sich auf dem Weg durch den unter Naturschutz stehenden Barranco de Veneguera ab. Größtenteils nutzt die Straße den Lauf eines meist trockenen Flussbetts, Kandelaber-Euphorbien wachsen an den nahe zusammenrückenden Hängen. Wo genug Platz ist, werden Bananen, Mangos und Avocados angebaut.

Plötzlich scheint ein riesenhafter Flamboyant den Weg von links zu versperren, ein knallrot blühender Schattenspender für ein Wasserbecken in einer Bananenplantage. Den prächtig blühenden Tropenbaum soll in den 1930er-Jahren ein Engländer gepflanzt haben, deshalb wird der Platz auch **El Inglés** genannt. Der *Barranco* weitet sich ab hier und bildet bei Ebbe überraschend einen langen, dunkel getönten, feinsandigen Strand, begrenzt von rundgewaschenen Steinen und Felsen.

Gleich links führt eine für den öffentlichen Verkehr gesperrte Asphaltstraße auf den **Lomo de Tabaibales**, der knapp 5 km landeinwärts bis auf 602 m ansteigt.

Nach dem Rückweg aus dem warmen, trockenen Tal empfiehlt sich oben an der Hauptstraße GC-200 zum Pausieren und Luftholen das freundliche Bar-Restaurant

Las Cañadas (s. u.) an der Einmündung der *Barranco*-Straße. Hier kann man sich mit frisch gepressten Säften und kanarischen Spezialitäten für die Weiterfahrt stärken.

Unterhalb dieses hübsch gebauten Freiluft-Restaurants liegt das alte bäuerliche Anwesen der Besitzerfamilie, aus dem sie eine Art **Bauernmuseum** (tgl. 9–23 Uhr) – in Miniaturformat – gemacht hat. Davor befindet sich, als Ausgangs- oder Endpunkt für Wanderer praktisch, eine Bushaltestelle. Hier verkehren die Linien 38 Aldea de San Nicolás–Galdár und 86 Playa de Tasarte–Puerto de Mogán.

i Praktische Hinweise

Restaurant

Las Cañadas, Las Casas de Veneguera, Tel. 928 172 58 00. Einladendes Freiluftrestaurant mit Bar u. a. für Snacks und frische Säfte.

25 Mogán

Der ruhige Bergort ist beliebter Ausgangspunkt für Wanderungen in die herrliche Umgebung.

Zwischen dem 929 m hohen **Roque Pernal** im Norden und dem 548 m hohen **Cruz de Mogán** windet sich die Straße in sehr scharfen Kehren, bis sie plötzlich in fast gerader Linie nach Süden abfällt und direkt auf das 250 m hoch gelegene **Mogán** im gleichnamigen *Barranco* zuläuft. Schon von der letzten scharfen Kurve blickt man auf das schlichte Straßendorf (Markt So 9–14 Uhr) in einem der fruchtbarsten Täler der Insel. Palmen und Orangen, Papayas und Avocados, Mangos und Bananen werden hier angebaut. Kein Wunder, dass immer mehr Wanderer das liebliche Tal entdecken und es von dem günstig gelegenen Gemeindehauptort des Südwestens aus – eben Mogán – zu Fuß erkunden.

Das kleine Ortszentrum markiert ein uralter Eukalyptusbaum, den die Bewohner zu einer Art Litfaßsäule umfunktioniert haben. Kommt man von Norden, zieht sich links der Straße das Dorf relativ steil den Hang hinauf. Das herausgeputzte Rathaus steht oberhalb der großen *Plaza* auf halber Höhe über der Hauptstraße. Die kleine Kirche am Südende des Platzes ist recht unscheinbar und schlicht.

Blutrote Akzente im Barranco de Veneguera

Mogán kann mit einigen Restaurants und kleinen Pensionen aufwarten und in den Bars wird u. a. köstlich frischer Orangensaft angeboten. Als Attraktion lockt eine restaurierte Windmühle im Süden des Dorfes, direkt an der Landstraße und nicht zu verfehlen.

i Praktische Hinweise

Restaurant

Acaymo, Valle de Mogán,
Tel. 928 56 92 63. Typisch kanarisches Grill-Restaurant am südlichen Ortsausgang von Mogán mit Terrasse.
An Ausflugstagen der Reiseveranstalter – meist an Wochenenden und Feiertagen – hoffnungslos überfüllt (Mo geschl.).

Bar

Terraza El Laurel, Calle San José 15, Mogán, Tel. 928 56 93 18. Direkt an der Hauptstraße gelegene Freiluftbar mit kühlen Erfrischungsgetränken und frisch gepresstem Orangensaft; saftig sind allerdings auch die Preise.

Puerto de Mogán öffnet sich dem Meer wie der Welt – und bewahrt seine Eigenart ▷

26 Puerto de Mogán

Der kleine Fischereihafen wurde durch feinfühligen Ausbau zum vielleicht schönsten Ferienort der Insel.

Erst 1982 begann die rasante Entwicklung von Puerto de Mogán zum **Ferienzentrum**: mit dem Bau des neuen *Jachthafens*, umgeben von hübschen, niedrigen Apartmenthäusern und einem Mittelklasse-Hotel im ›andalusischen‹ Stil. Die Reihenhäuser in dieser autofreien Urbanisation sind weiß getüncht, Fenster- und Türrahmen sowie die Trennlinien zwischen den einzelnen Häuschen sind himmelblau, stierblutrot und gofiogelb, schmiedeeiserne und hölzerne kleine Balkone wechseln sich ab, Brückchen führen über schmale Kanäle, Bögen über engen Gassen. Von den Dachterrassen quellen Bougainvilleen in allen erdenklichen Rottönen über die Sträßchen, vor den kleinen Häusern liegen liebevoll gepflegte Gärten. Merkwürdig ist, dass man den Gassen keine Namen, sondern einfach Nummern gab.

Auch am **Hafen** erhielt Puerto de Mogán ein ›andalusisches‹ Gesicht. Im Übrigen zieht sich das alte Fischerdorf wie eh und je den *Lomo de Tabaibales* hinauf: Die Häuser stehen eng ineinander verschachtelt und könnten teilweise einen frischen Anstrich brauchen. Aber man hatte den Fischern versprochen, als sie die Genehmigung für den Jachthafen gaben, sie nicht zu behelligen. Außerdem sollten sie einen großen neuen *Fischerei-*

Andalusisch angehauchtes Urlaubsidyll geht im ›Hafen von Mogán‹ einher mit ruhiger, traditioneller Lebensweise

hafen (mit kleiner Werft) erhalten. Auch dieses Versprechen wurde eingelöst.

Seitdem ist Puerto de Mogán enorm gewachsen. Die prinzipiellen Strukturen wurden erhalten, aber am früheren Strand der Fischer entstand fast schon eine neue Urlaubsstadt mit Einkaufszentrum und Apartmenthäusern. Der **Sandstrand** jenseits des Barranco wurde nochmals aufgeschüttet und da er flach abfällt ist er ein wahres Kinderparadies. In der hübschen **Fußgängerzone** locken zahllose Bars, Restaurants und Eisdielen. Etwa das Tu Casa (s. u.) im herausgeputzten historischen Herrenhaus aus dem frühen 20. Jh., das dem damaligen Bürgermeister gehörte. Die beiden Ortsteile sind durch eine kleine Holzbrücke und eine Straße weiter oben verbunden. Sie überspannen den Barranco de Mogán.

Die Canarios nennen Puerto de Mogán ›**Klein Venedig**‹. Für sie ist das Dorf ebenso ein besonderes Ausflugsziel wie für ausländische Touristen. Rings um den Hafen haben sich ebenfalls viele Bars und Restaurants angesiedelt, die Atmosphäre ist gleichwohl recht friedlich. Wer hier Urlaub macht, sucht die Ruhe oder bereitet sich als Segler auf eine Atlantiküberquerung vor – und verewigt sich auf der teilweise bereits bunt bemalten Kaimauer.

Freitags findet der **Wochenmarkt** (8–14 Uhr) mit kleinen Ständen auf dem Platz vor dem Hafen statt. Größere Stände findet man auf dem strandnahen Platz jenseits des *Barranco* (Brückenverbindung).

Im Dorf selbst und den noch kleineren Vororten gibt es **Pensionen** und Privatunterkünfte. Letztere sind am besten in den Lokalen am Hafen zu erfragen. In den bei den Einwohnern beliebten **Fischrestaurants**, die oft ein, zwei Straßen hinter dem Hafen liegen, werben die *Patrones* mit dem Namen des Fischhändlers, der die frische Ware liefert.

i Praktische Hinweise

Hotel

*****Club de Mar**, Puerto de Mogán s/n, Tel. 928 56 50 66, Fax 928 56 54 38, www.clubdemar.com. Ein freundliches Hotel direkt am Jachthafen. Unter derselben Direktion stehen einige hübsche Ferienwohnungen, deren Gäste den Hotelpool mitbenutzen dürfen.

Restaurants

Bodeguilla Juanana, Local 390, Puerto de Mogán, Tel. 928 56 50 44. Der deutsche *Patron* Stefan schuf hier eine kulinarische Oase mit kreativ verfeinerten kanarischen Gerichten. Die wenigen Holztische sind immer reserviert, denn auch die Auswahl an Wein und heimischem Käse ist bekanntermaßen gut.

La Marina, direkt am Hafen, Puerto de Mogán, Tel. 928 56 50 95. Dieses Bar-Restaurant mit der langen Theke und den Lammspezialitäten gehört – unübersehbar – einem Iren. Auch Apartmentvermietung am Hafen und im Dorf.

Die große Chance zum Untertauchen

Yellow Submarine

Nicht nur Kindern bereitet das Abtauchen Vergnügen. Im Hafen von Puerto de Mogán ist das gelbe **U-Boot** ›Yellow Submarine‹ stationiert, das während einer 40 Minuten dauernden Fahrt ein wenig vom Leben unter Wasser vermittelt. Zwar sind Flora und Fauna hier nicht über die Maßen aufregend, aber allein das Tauchen bereitet Vergnügen und einen gewissen Nervenkitzel.

Ein **Schiffswrack** dient als Hauptattraktion. Man sieht Seeigel und die verschiedensten Fische, darunter Barrakudas, kleine goldfarbene Julas mit schwarz gestreiften Schwänzen und silberne lange Bogas. Auch die Universität von Las Palmas bedient sich des U-Bootes, um mit seiner Hilfe die Meeresflora der Insel zu untersuchen und z. B. Algen anzusiedeln.

Buchen kann man eine Fahrt mit dem ›Yellow Submarine‹ entweder direkt am **Seglerkai** oder im Lokal Nr. 389 bei **Marketing y Reservas Undersea**, Tel. 928 56 51 08, Fax 928 56 50 48, www.atlantida-submarine.com. Von vielen anderen Badeorten des Südens gibt es einen kostenlosen Bustransfer.

Orillas del Mar, Calle Antonio Navarro Godoy, Puerto de Mogán, Tel. 928 56 53 16. Typisches Fischrestaurant, abends manchmal Gitarrenmusik.

Playa de Mogán, Avenida del Castillete 8, Puerto de Mogán, Tel. 928 56 51 35. Freundliches Fischrestaurant im Ort mit Tischen auch im Freien. Frischer Fisch direkt aus dem Netz.

Seemuschel La Caracola, Block 122/53, Puerto de Mogán, Tel. 928 56 54 86. Kühle Marmorküche, im winzigen Speiseraum lediglich vier Tische. Berühmtes, teures Fischrestaurant (nur abends).

Tu Casa, Avenida de Las Artes 18, Playa de Mogán, Tel. 928 56 50 78. Angenehmes Café-Restaurant im edlen Herrenhaus am Sandstrand, mit Tischen im Freien und besonders schönen Gasträumen. Kanarische und internationale Küche, vor allem natürlich Fisch.

27 Taurito und Tauro

Sanfte Berge, kleine Buchten und das azurblaue Meer gaben den Anstoß zu ungezügeltem Bauboom.

Südlich von Puerto de Mogán [Nr. 26] beginnt eine endlos scheinende Reihe von Felsenbuchten, die mit Sandstränden aufgeschüttet und tief in die *Barrancos* hinein urbanisiert wurden. Die hohe Konzentration an riesigen Betonbauten irritiert so manches Betrachterauge. Doch inzwischen wachsen in den meisten dieser Ferienzentren üppige Gärten und hohe Bäume oder die Balkone der Apartmenthäuser und Hotels sind großzügig bepflanzt – was viele der Bausünden verschleiert.

Taurito

Von Puerto de Mogán schlängelt sich die GC-500 mühsam am Hang des 183 m hohen **Cruz de Piedra** hoch. **Taurito** (›Stierchen‹) heißt die nächste, leider völlig verbaute Bucht. Die Architektur mit ihren blauen Kacheldächern gibt sich einen leicht andalusischen Anstrich.

Rechts und links der Straße stehen je ein großer Hotelkomplex und Apartments, wohin das Auge reicht. Der Grund dafür liegt in dem feinen weißen **Sandstrand**, der mit vielfältigen Badefreuden lockt. Die Berghänge zeigen interessante Formationen, hellen Muschelkalk mit schwarzem Vulkangestein. Diese Mischung entstand, weil sich die Insel hier teils aus dem Meer hob, teils Lava aus ihrem Inneren ausspuckte.

Hinter Taurito durchfährt man einen kurzen Tunnel, nach dem eine Staubstraße rechts zu einem steinigen *Strand* führt. Zurück auf der GC-500 gibt der nächste Tunnel den Blick frei auf die hübsche Formation eines niedrigen Hügelrückens: ›Kamelkarawane‹ nennen sie die Touristiker, aber auf den Karten liest man **Los Frailes**, ›die Priester‹. Man kann also seiner Fantasie freien Lauf lassen, was man darin erkennen möchte.

Tauro

In der Bucht von Tauro liegt die **Playa del Cura** mit der Apartmentanlage *Riviera* an einem gräulichen, jedoch sauberen Naturstrand.

An den Hängen um die **Playa de Tauro** kleben Apartmenthäuser wie Schwalbennester dicht an dicht. Die kleine Kiesbucht direkt unterhalb der Straße verfügt über einen ebenfalls kleinen Bootshafen.

Im Hinterland besteht schon seit Jahren die Urbanisation **Tauro** mit Ferienhäusern hauptsächlich von Deutschen. Die Nachbar-Urbanisation, die sich links der Straße hochzieht, heißt **Bahia Blanca**. Zu Fuß erreicht man von hier aus in ca. 10 Minuten den feinen Sandstrand von Puerto Rico.

i Praktische Hinweise

Hotels

****__Taurito Princess__, Urbanisación Taurito, Tel. 928 56 51 80, Fax 928 56 55 66; www.princess-hotels.com. Riesiger Hotelblock in Hanglage oberhalb der schmalen Bucht.

****__Suite Princess__, Urbanisación Taurito, Tel. 928 56 50 03, Fax 928 56 57 08. Elegantes Hotel ganz in schwarzem und weißem Marmor in Hanglage mit großzügigen Suiten und schöner Badelandschaft um den Pool oberhalb der Taurito-Bucht.

Die Anlage ›Taurito Princess‹ beherrscht mit ihrer großzügigen Poollandschaft die Bucht

Vergnügungen am und im Wasser spielen die zentrale Rolle am Strand von Puerto Rico, der für unternehmungslustige junge Leute und Familien geradezu ideal ist

28 Puerto Rico

Der Wassersportort der Superlative zieht vor allem Jugendliche und Familien an.

Für Naturfreunde und -schützer ist Puerto Rico ein Graus, ein Dorado dagegen für **Wassersport-Fans** und junge Leute, die hier fast alles an Sport und Vergnügen vorfinden, was sie sich wünschen. Puerto Rico war in den 1970er-Jahren die erste Bausünde an diesem Küstenabschnitt, die aber dank der üppigen Bepflanzung mit Blumen und Bäumen jetzt gar nicht mehr so hässlich aussieht. Es bleibt jedoch die Masse von Apartmenthäusern und Hotels, kleinen und großen, mit mehr als 20 000 Betten.

Der helle, breite **Sandstrand** vor dem großen Bootshafen ist voller Sonnenschirme und Liegen. Hufeisenförmig ist die Urbanisation in den *Barranco de Puerto Rico* hinein und den **Lomo de Jaboneros** hinaufgewachsen. Zu den Häusern führen scheinbar endlos lange Treppen oberhalb der Straße.

Ein Stück weiter östlich ist bereits der zweite Bootshafen entstanden, an dem auch die große Busstation liegt.

Nach Puerto Rico kommen die Gäste vor allem wegen des überreichen Angebots an **Wassersportmöglichkeiten**. Für Wasserratten wird hier unendlich viel geboten: Schwimmen, Schnorcheln, Tauchen, Wasserski, Surfen, Segeln, Hochseefischen – alles was das Herz begehrt. Und wer eine Sportart erst erlernen möchte, dem stehen zahllose Kurse zur Verfügung. In Puerto Rico gibt es unzählige Bars und Restaurants, doch es gibt wenig empfehlenswerte Lokale. Ohnehin wohnen hier viele Urlauber in Apartments und versorgen sich selbst.

Westlich von Puerto Rico endet die von Las Palmas kommende Autobahn

Kollektives Abtauchen in Puerto Rico

Die Fischer von Arguineguin betreiben ihr Handwerk nach wie vor mit Leib und Seele

GC-1, die parallel zur alten Landstraße C-812 entlang der Ost- und Südküste verläuft.

Patalavaca

Östlich von Puerto Rico folgt nach einem weiteren Tunnel schon die nächste Urbanisation: **Playa Balito** mit Steinstrand! Ein paar Camper stören sich nicht an dem harten Untergrund, Hauptsache, sie sind allein. Es folgt Patalavaca, wo Hotels und Apartments zwischen Küste – mit Sandstrand – und Straße, hauptsächlich in den niedrigeren Preiskategorien zur Verfügung stehen.

i Praktische Hinweise

Wassersport

Sail & Surf Overschmidt, Puerto Rico, Tel./Fax 928 56 52 92, www.segelschule-grancanaria.de. Segel- und Surfschule, Jachtsegeln, Tagestörns und Bootsverleih.

Hotel

*******La Canaria**, Patalavaca/Arguineguin, Tel. 928 15 04 00, Fax 928 15 10 03, www.hotelesdunas.com. Luxushotel am Meer mit modern ausgestatteten großzügigen Zimmern und Aufenthaltsräumen. Fantasievolle, riesige Poollandschaft, Beautybereich und Gesundheitszentrum.

29 Arguineguin

Frischer Fisch und wenige Touristen.

Arguineguins Wahrzeichen ist eher markant als schön: Es ist der hohe Schornstein einer *Zementfabrik*. Jedoch konnte sich der 3000-Seelen-Ort trotz Hotels und Apartments Richtung Landstraße und trotz Restaurants am Meer im Wesentlichen den Charme eines Fischerortes bewahren, wenn auch die Preise dem Tourismus-Standard entsprechen.

Von Westen kommend trifft man zuerst auf den **Fischereihafen**. Dessen Geschäftigkeit beweist, dass man mit dem Fischen um Gran Canaria doch noch sein Auskommen haben und sogar recht gut verdienen kann. Freilich reichen die Fangquoten normalerweise nicht, um alle Restaurants und Hotelküchen auf der Insel zu beliefern und es muss viel Fisch eingeführt werden. Wer richtig genießen möchte, muss schon ein Restaurant aufsuchen, das auf frischen Fang spezialisiert ist, und davon gibt es gerade in Arguineguin einige.

Auf der Rückseite des Hafens zieht sich die Meerespromenade um das kleine Kap herum. Unterhalb der ›Flaniermeile‹ laden am Wasser **Badeanstalten** mit einigen Restaurants und Cafés zum Verweilen ein. Wasser und Strand sind allerdings nicht die saubersten, denn nebenan legen im Fährhafen die großen Armas-Schiffe

Weist den Weg zu Lande und zu Wasser

Der Leuchtturm von Maspalomas

Obwohl man ihn nicht besteigen kann, kommt kein Besucher der Costa Canaria an ihm vorbei: Unübersehbar ragt der Leuchtturm 60 m über den Dünen von Maspalomas auf, 268 Stufen führen hinauf. »Der Faro de Maspalomas ist das erste Licht, das die Seeleute sehen, wenn sie aus Südamerika und Südafrika kommen«, erklärt stolz der letzte **›Vater des Leuchtturms‹**, Francisco Garcia Castillón. Er ging im April 1996 nach zehnjähriger Arbeit im Leuchtturm in Pension, damals hielt auch die Vollautomatisierung Einzug.

Bereits 1861 wurde ein Leuchtturm an dieser Stelle ganz im Süden der Insel geplant. Doch erst 1886 konnte nach den Plänen von Juan de León y Castillo [s. S. 120] mit dem Bau begonnen werden. Mangels Straßen wurde das Baumaterial von Las Palmas in Booten hierher transportiert und an der speziell dafür gebauten Mole abgeladen. Das war nur bei ruhiger See möglich, was die Bauzeit von vier Jahren erklärt: Am 1. Februar 1890 strahlte erstmals das Licht des Faro de Maspalomas aufs Meer hinaus. 1967 wurde der Turm elektrifiziert. Zweimal 1000 Watt weisen nun den sicheren Weg.

Insgesamt stehen **sechs Leuchttürme** auf Gran Canaria, vier davon stammen aus dem 19. Jh.: im Nordwesten auf der Isleta von Las Palmas, an der Punta de Tallarte/Merenara (seit 1994), an der Ostküste in Arinaga, im Südwesten an der Punta del Castillete (seit 1996), in Sardina ganz im Nordwesten und eben in Maspalomas ganz im Süden der Insel. Eines Tages sollen alle Türme mit Solarstrom betrieben werden.

an. Ein Renner ist das Restaurant der Cofradía (Genossenschaft) der Fischer direkt an der Anlegestelle. Kenner suchen sich an der Theke gleich den Fisch aus, den sie zubereitet haben möchten.

Die meisten Häuser des Ortes sind eher gesichtslos, dafür aber geht es in den Gassen lebhaft zu – das ganz normale Leben eines geschäftigen Städtchens. Dienstags findet der Wochenmarkt (8–14 Uhr) statt, wie immer auf Gran Canaria nur bis zum frühen Nachmittag.

i Praktische Hinweise

Restaurants

Casa los Pescaitos, Arguineguin. *Mariscos*- und Fischrestaurant an der kleinen Sandbucht.

Cofradía de Pescadores, am Fährhafen, Arguineguin, Tel. 928 15 09 63. Das Restaurant der Fischergenossenschaft garantiert den ganzen Tag über frischen Fisch (und keine Parkplatzprobleme!). Eine feinere (und teurere) Adresse ist das **Cofradía II** im Zentrum.

Don Panchito/Los Antonios, Arguineguin. Grill-Restaurant am Pool mit Tanzbar an der Promenade.

Playa Mar, Arguineguin. Eher durchschnittliches Fischrestaurant, aber in schönster Hafenlage.

30 Costa Canaria

Sonnenanbeter, Nachtschwärmer, Vergnügungssüchtige – alle treffen sich am kilometerlangen Sandstrand der sonnensicheren Touristenmagnete Las Meloneras, Maspalomas, Playa del Inglés und San Agustín.

Entlang der Costa Canaria fährt man aussichtsreicher auf der alten Landstraße GC-500 als auf der Autobahn. Östlich von Arguineguin beginnt die Straße nach etwa 3 km an der *Bahia de Santa Águeda* anzusteigen. Sie verläuft dann zwischen früheren Tomatenplantagen, die wie Denkmäler aus der agrarischen Vergangenheit des Gebietes wirken. Der viele Sonnenschein war für den Anbau von Tomaten besonders günstig – wäre nicht die Mühsal der Bewässerung gewesen. In den 1960er-Jahren erkannte man, dass auch Touristen, vor allem aus den kühleren Ländern Europas, die Sonne lieben. Mit den Besuchern war leichter Geld zu verdienen als mit harter Landarbeit.

Strandvergnügen und Naturschutz gehen in der Lagune La Charca Hand in Hand

Heute sind die herrlich feinsandigen Strände und das Hinterland von Las Meloneras über Maspalomas bis San Agustín quasi durchgehend mit Bettenburgen und Apartmenthäusern verbaut. Aber wer hierher fährt, weiß das und es tut der Beliebtheit der Costa Canaria keinen Abbruch. Jährlich besuchen Hunderttausende Touristen diese künstliche und skurrile Urlaubsoase.

Las Meloneras

Auf dem Weg von Westen nach Maspalomas kommt man an *Pasito Blanco* vorbei, einem feinen kleinen Jachthafen mit ebensolcher Urbanisation. Sie ist fremden Fahrzeugen verschlossen, doch zu Fuß kann man hineinschlendern. Dahinter beginnt die **Playa del Hornillo** mit Sand- und Steinabschnitten.

Die lange Playa sollte eigentlich einem aufgeschütteten Sandstrand für die Erschließung von **Las Meloneras** weichen, dem Parade-Ferienort westlich von Maspalomas. Stattdessen wurde aber als Anbindung eine breite **Promenade** zum Leuchtturm von Maspalomas geschaffen. So blieb die schöne dunkle Felsenküste erhalten, die auch ihre Fans hat! Die meist überdimensionalen Hotels und Apartmentanlagen (insgesamt für 20 000 Urlauber gedacht) besitzen ohnehin Pools. Eine riesige Menschenmenge bewegt sich täglich über die Promenade, viele zieht es zu den Dünen von Maspalomas jenseits des markanten Leuchtturms und der Charca.

La Charca

Der *Barranco de Fataga* endet in einer kleinen, von den Naturschützern hartnäckig beschützten **Lagune**, *Charco* oder *Charca* genannt. Nach früheren baulichen Übergriffen gewinnt die jetzt eingezäunte Natur erneut die Oberhand, Schilf ist nachgewachsen, Wasservögel nisten wieder. Wenn die See allzu stürmisch wird, schwappt schon mal eine Welle in die Lagune mit ihrem süß-salzigen Wasser über – oder der Priel wird so sehr aufgerissen, dass man nicht mehr trockenen Fußes zum langen Strand vor den Dünen von Maspalomas und weiter nach Playa del Inglés laufen kann.

Maspalomas, Playa del Inglés und San Agustín

Der *Faro de Maspalomas* [s. S. 78] markiert den westlichen Anfang der eigentlichen Costa Canaria. Hier sieht man zum ersten

Top Tipp Mal die berühmten **Dünen von Maspalomas**. Sie ziehen sich mehr als 4 km auf 250 ha Fläche hin. Ein Teil ist als Naturschutzgebiet ausgewiesen. Die ausgedehnte Sandlandschaft mit dem Wüstenflair läuft zum Meer hin flach aus. Ideale Bedingungen für einen Strandurlaub! An den Dünen beginnt die ›alte‹, dreigeteilte **Urlaubsstadt**, in den 1960er-Jahren aus dem Boden gestampft: Maspalomas westlich der *Charca*, östlich davon Top Tipp **Playa del Inglés** als der Inbegriff von Urlaubsstadt auf den Kanaren – darüber entstand San Fernando als Wohnort vieler Familien, die vom Tourismus leben – und schließlich San Agustín. Der rund 10 km lange Strandabschnitt zwischen Maspalomas und Playa del Inglés kann zur Hauptsaison auf seiner gesamten Länge dicht gedrängt voller Menschen sein. Der flach abfallende und feinsandige Strand von Playa del Inglés ist ideal für Familien mit Kindern und weniger geübte Schwimmer. Seine Fortsetzung bildet der kleine Sandstrand von San Agustín mit seinen vielen Apartmenthäusern im Hintergrund.

Das touristische Angebot dieser Freizeitzentren beinhaltet nicht nur Hotels, Apartmenthäuser und Ferienvillen aller Kategorien sowie Strandvergnügen, sondern auch Golfplätze, riesige Supermärkte, Restaurants, Casino, Diskotheken, Sporteinrichtungen, ein Kongresszentrum etc.

Ausflüge

Die Costa Canaria eignet sich hervorragend als Startpunkt zu verschiedenen Sehenswürdigkeiten im Südteil der Insel und sogar ins Zentrum mit Tejeda [Nr. 43] und dem inselhöchsten Berg Pozo de las Nieves [Nr. 41]. Aber auch ein Tagesausflug nach Las Palmas de Gran Canaria [Nr. 1] lässt sich leicht durchführen: Die Fahrt über die Autobahn dauert weniger

als eine Stunde und die Busse zwischen Playa del Inglés und der Hauptstadt fahren sehr häufig.

Das Gebiet an der nahen Ostküste zwischen der **Punta del Tarajalillo** und dem etwa 10 km nordöstlich gelegenen **Pozo Izquierdo** gilt als das beste **Surfrevier** Gran Canarias. Im Juli starten die Könner zu den Weltmeisterschaften von hier nach Teneriffa.

Die Ortschaften entlang der alten Landstraße GC-500 sind heute fast durchweg reine ›Schlafstädte‹ für die an der Costa Canaria arbeitenden Familien. Als Ausflugsziele empfehlenswerter sind die parallel dazu weiter im Inselinneren liegenden Städtchen wie Agüimes [Nr. 52], Ingenio [Nr. 53] oder Telde [Nr. 55].

Von der Costa Canaria führt parallel zur Autobahn die Landstraße GC-500 entlang der Küste nach Nordosten. Von dieser zweigt 1,5 km hinter San Agustín links eine ebenfalls 1,5 km lange Stichstraße nach **Sioux City** (Di–So 10–17 Uhr, Tel. 928 76 29 82) ab. Die Westernstadt im *Cañon del Aguila* lockt trotz der hohen Eintrittspreise Familien in Scharen an. Vor allem die Reitshows sind beliebt, etwa wenn Indianer und Cowboys in der stau-

Links: *Vom endlosen Sandmeer zu den endlosen Weiten des Atlantischen Ozeans*
Unten: *Badevergnügen pur verspricht der Strand von Maspalomas*

Pulverdampf und Reiterspiele lassen den Wilden Westen wieder lebendig werden

bigen Hauptstraße des nachgebauten Wildwest-Städtchens ihre Reiterkunststücke vorführen. Als besonderes Vergnügen wird meist freitags ab 20 Uhr Barbecue-Dinner geboten. Da bleibt niemand hungrig und keine Kehle trocken, denn die Getränke sind im Preis inbegriffen.

Praktische Hinweise

Information

Centro Insular de Turismo, Avenida España/ Avenida Estados Unidos, nahe dem Yumbo Centrum, Playa del Inglés, Tel. 928 77 15 50, Fax 928 76 78 48, Mo–Fr 9–21, Sa 9–13 Uhr. Deutschsprachiges Personal. Auch Auskunft zu öffentlichen Verkehrsmitteln.

Einkaufen

Die großen Einkaufszentren (*Centros Comerciales*) bieten alles, was man braucht oder sich wünscht. Integriert sind Bars, Restaurants, Diskotheken und Kinos . Die wichtigsten Einkaufszentren der Costa Canaria sind:

Cita, Avenida de Alemania/ Avenida de Francia, Playa del Inglés.

Faro 2, Campo Internacional, Golfplatz, Maspalomas.

Gran Chaparral, Avenida de Gran Canaria, Playa del Inglés.

Kasbah, hinter der Plaza del Teide, Playa del Inglés. Das *Centro Comercial* mit dem wohl größten Trubel, auch spätabends/nachts, mit Diskotheken, Pubs und Spielhallen.

La Sandia, Avenida de Alemania, Playa del Inglés.

Yumbo Centrum, Avenida Estados Unidos, Playa del Inglés; abends Zentrum der Schwulenszene.

Wochenmarkt in San Fernando, Playa del Inglés, Mi, Sa 8–14 Uhr. Der Markt eignet sich bestens, um frisches Obst und Gemüse, aber auch Kunsthandwerk und andere Souvenirs zu erstehen.

Nachtleben

Casino Palace, Calle Las Retamas 3, San Agustín, Tel. 928 76 68 28. Spielcasino im Hotel Tamarindos, Dinner-Shows mit internationalen Künstlern.

Chic, Playa del Inglés, Diskothek nahe dem Einkaufszentrum Kasbah; besucht von Einheimischen wie Urlaubern, die sich zur Elite zählen.

Garage, Playa del Inglés, Diskothek im Einkaufszentrum Kasbah mit gemischtem Publikum, insbesondere deutschen Urlaubern.

Joy, Playa del Inglés, seit Jahren beliebte Diskothek mit kunterbunter Klientel gegenüber der Kasbah.

Pacha, Playa del Inglés, Disko-Pub neben der Kasbah, auch bei Spaniern sehr beliebt.

Hotels

*****RIU Gran Palace Maspalomas Oasis **, Maspalomas, Tel. 928 14 14 48, Fax 928 14 11 92, www.riu.com. Komforthotel direkt am Strand und unweit der Dünen. 60 000 m² großer Park mit dicht stehenden Palmen, Pool im Garten. Sportliche Eleganz am Abend gefordert.

*****Palm Beach**, Maspalomas, Tel. 928 14 08 06, Fax 928 14 18 08. Luxuriöses Hotel direkt am Strand und in den Dünen, Pool in großem schattigen Garten, komfortable Zimmer, drei Restaurants (am Abend elegante Garderobe erwünscht). Kinderklub, Schönheitssalon und Gesundheitszentrum.

****Gran Hotel Costa Meloneras**, Las Meloneras, Tel. 928 12 81 00, Fax 928 12 81 22, www.ghmeloneras.com. Das vorerst größte und luxuriöseste Hotel der neuen Urlaubsküste von Las Meloneras, architektonisch eine gelungene Verbindung zwischen kanarischer Tradition und Moderne in einer großartigen ›Landschaft‹ von mehr als 100 000 m², die sich mit den Pools zur Promenade und zur Felsenküste öffnet.

****IFA-Hotel Faro Maspalomas**, Maspalomas, Tel. 928 14 22 14, Fax 928 14 19 40, www.ifacanarias.es. Komfortables Hotel direkt am Leuchtturm. Pool im Garten, Sonnendecks am eigenen Felsstrand mit Strandservice. Mittags frische Fischgerichte am Pool, abends gehobene Küche im Restaurant.

Für die Gäste steht alles bereit – nur Appetit müssen sie selbst mitbringen

TOP TIPP ****RIU Palace Maspalomas**, Avenida de Tirajana s/n, Plaza de Fuerteventura, Playa del Inglés, Tel. 928 76 95 00, Fax 928 76 98 00,

Im Einkaufs- und Vergnügungszentrum ›Cita‹ ist Tag und Nacht jede Menge geboten

www.riu.com. Luxuriöse Hotelanlage mit großer Poollandschaft und Blick auf die Dünen von Maspalomas. Komfortable Zimmer, sehr guter Service; Abendessen (Buffet) in zwei Schichten.

****Sandy Beach, C/ Los Menceyes s/n, Playa del Inglés, Tel. 928 77 27 26, Fax 928 76 72 52, www.seaside-hotels.com. Modernes Haus 300 m vom Strand mit großem Unterhaltungsprogramm (Shows, Livemusik, Tanz).

***Santa Monica, Paseo Costa Canaria 116, Playa del Inglés, Tel. 928 77 40 20, Fax 928 76 87 53, www.apartamentos santamonica.com. Apartment-Hotelanlage direkt am langen Sandstrand – eine Ausnahme in Playa del Inglés – nahe dem Cita-Einkaufszentrum.

***RIU Waikiki, Av. Gran Canaria 20, Playa del Inglés, Tel. 928 77 38 80, Fax 928 76 17 69, www.riu.com. Bekanntes Hotel mit Rundtürmen in ›Stadtlage‹; für Familien mit Kindern geeignet.

**Ecuador, Calle Roma 19, Playa del Inglés, Tel. 928 76 05 18, Fax 928 76 81 33, www.apartamentosecuador.com. Ruhig gelegenes Apartmenthotel nahe dem Einkaufszentrum Cita.

Restaurants

Amaiur, Avenida Neckermann 42, am Golfplatz von Maspalomas, Tel. 928 76 44 14. Viel gelobtes, modisches Restaurant mit baskischer Küche.

La Casa Vieja, Carretera de Fataga 139, El Lomo, Playa del Inglés, Tel. 928 76 27 36. Großes, sehr beliebtes und seit Jahrzehnten hervorragendes Gartenlokal mit Grillspezialitäten (Fisch, Fleisch und Gemüse). Hier trifft man eher Einheimische aus San Fernando als Touristen.

Las Cumbres – Mesón del Cordero, Avenida de Tirajana 11, Playa del Inglés, Tel. 928 76 09 41. Kleines Lokal unterhalb der Hauptstraße mit Lammspezialitäten.

Rincón Casa Vieja, Carretera de Fataga s/n, El Lomo, Playa del Inglés, Tel. 928 77 12 49. Gutes Fischrestaurant (im Besitz der gegenüberliegenden Casa Vieja) in einem weißen Haus mit *Patio*.

Himmelwärts gerichteter Lauschposten

Mega-Auge rettet Leben

Wer von Maspalomas auf der GC-500 nach Westen fährt, entdeckt nahe dem Kreisverkehr von **Pasito Blanco** zwei **Parabolspiegel** von gigantischen Ausmaßen. Als Maspalomas noch seinen Wüstenschlaf hielt, baute die NASA hier eine Station für das Gemini-Projekt. Maspalomas war für die Gesprächsverbindung zur Mondfähre Apollo verantwortlich. Als die NASA 1975 ihr Programm reduzierte, wurde Maspalomas geschlossen.

Fünf Jahre später, 1980, aber ging die Station wieder ans Netz, jetzt als Teil des spanischen Instituts für Luft- und Raumfahrt Technologie **INTA** (Instituto Nacional de Técnica Aerospacial).

Eine der wichtigsten und schönsten Aufgaben für die hier beschäftigten Space-Ingenieure ist seit 1983 der Kontakt zu mittlerweile acht im Orbit kreisenden Erdbeobachtungssatelliten. Die Weltraum-Trabanten empfangen Signale von verunglückten oder in Not geratenen Schiffen, Flugzeugen und Landfahrzeugen, gesetzt diese sind mit einem Transmitter ausgestattet. Aus dem All werden die Funkwellen u. a. nach Maspalomas gesendet, wo die Meldung dechiffriert, der Unfallort in kürzester Zeit geortet und Hilfe geschickt wird. Viele tausend Menschenleben konnten auf diese Weise weltweit bereits gerettet werden – allein das Mega-Auge von Maspalomas reicht 3000 km im Umkreis: vom Norden Irlands bis zum Äquator, von Brasilien über den ganzen Atlantik bis nach Europa.

Ein technologischer Traum der kanarischen Weltraum-Ingenieure erfüllte sich am 21. April 1997. An diesem Tag schickte die INTA den ersten allein von Spanien entwickelten Satelliten ›**Minisat 01**‹ von Gran Canaria aus ins All.

Eindrucksvolle Kakteen im Palmitos Park

31 Palmitos Park und AquaSur

Großer Spaß für Alt und Jung: Palmenoase als Papageienheimat und Freizeitvergnügen im Wasserpark.

Von der Costa Canaria führt bei El Tablero der **Barranco de Chamoriscán**, auch Tal von Palmitos genannt, nach Norden. Die meisten Besitzer kleiner Plantagen mit Papaya- und Mangopflanzungen sind heute Landwirte im Nebenerwerb. Hauptsächlich verdienen sie ihr Geld mit dem Tourismus.

Palmitos Park

Einer der beliebtesten Ausflüge von der Costa Canaria führt rund 12 km den *Barranco* hinauf zum Palmitos Park (tgl. 10–18 Uhr). Auch ohne Auto gelangt man dorthin, denn der oft verkehrende Linienbus Nr. 45 fährt dieses Ziel an und von vielen Urlaubsorten wird auch ein kostenloser Transfer angeboten.

Mehr als 1000 Palmen sollen in der 200 000 m² großen Oase stehen und so dicht beisammen, dass man auch im Hochsommer aus dem Besuch einen geradezu erfrischenden Ausflug machen kann. Gut 1500 exotische Vögel (230 Arten) fliegen hier frei oder in Volieren. Es gibt einen fantasievollen Kakteengarten, viele hochstämmige Agaven sowie ein Orchideenhaus mit 500 m² Fläche und besonders schönen Blumen. Der Anblick erfreut nicht nur Botaniker, sondern auch viele Hobby-Fotografen.

Für Kinder sicher ein besonderes Vergnügen ist die 25-minütige **Papageien-Show** (stündlich 11–18 Uhr), bei der die klugen Tiere allerlei Tricks zeigen. Groß und Klein begeistert auch die **Greifenschau** mit dressierten Raubvögeln, die sich aus 500 m Höhe auf ihre ›Beute‹ stürzen.

AquaSur

Eine weitere Attraktion des Tales, die ebenfalls einen Besuch lohnt, ist der **Wasserpark** AquaSur (tgl. 10–17.30 Uhr) an der Carretera Palmitos Park bei km 3. Auf insgesamt 130 000 m² breitet sich hier eine großzügige Freizeitlandschaft aus. Vor allem die 5300 m² Wasserfläche mit mehreren Pools, Wellenschwimmbad und künstlichem Fluss sorgen für jede Menge Spaß. Nicht nur die Kinder sind von den 29 Rutschbahnen – im Wasser und zu Lande – begeistert. Die Anlage wartet außerdem mit Sonnenliegen, Schnellimbiss, einem Selbstbedienungsrestaurant und Souvenirladen auf.

i Praktische Hinweise

Einkaufen

Perla Canaria, Tal von Los Palmitos, nahe dem AquaSur, tgl. 9–19.30 Uhr. Professionelle Verarbeitung von Perlen

Sich einfach treiben lassen ist im AquaSur geradezu Pflicht

aus aller Welt, auch in kürzester Zeit nach individuellen Vorstellungen. Verlockende Verkaufsausstellung anbei.

Hotel

******Park & Sporthotel Los Palmitos**, Tal von Los Palmitos, Tel. 928 14 21 00, Fax 928 14 11 14. Komfortables Hotel, das nach Renovierungsarbeiten im Herbst 2006 wieder eröffnet wurde. Mit Tennis-Zentrum oberhalb der charmanten Palmenoase von Los Palmitos.

32 Ayagaures

An dem kleinen Bergweiler liegen zwei Stauseen, die man in einer landschaftlich sehr lohnenden Rundtour besuchen kann.

Eine sehr schöne Strecke kann man parallel zum Tal von Los Palmitos fahren: Westlich des Bergzuges *Llano de la Gorra* biegt man von der Palmitos-Strecke gleich hinter dem AquaSur [Nr. 31] nach rechts ab. Radler finden hier am Wegesrand Angaben zu Steigung und Routenlänge. Die schmale, gut ausgebaute Straße folgt dem Bachbett, führt brückenlos durch die Furten, zwischen blühenden Gärten sanft hinauf zum Dörfchen *Ayagaures* unterhalb des gleichnamigen Stausees. Oberhalb des Ortes ist ein weiterer See aufgestaut, der **Embalse de Gambuesa**.

Vor der kleinen Berufsschule von Ayagaures steigt die schmale Straße links ab-

Zurück zu den Wurzeln – nachgestelltes Guanchen-Leben im Mundo Aborigen

rupt steil an, macht einen Knick nach Südwesten und kommt zu einem **Aussichtspunkt**, der ein großartiges Panorama über das tief darunter liegende Tal bietet: rückwärts auf den Stausee von Ayagaures, links weit hinein in das Tal von Los Palmitos.

Die Staubstraße (über den Staudamm zu erreichen) bleibt noch eine Weile in luftigen Bergeshöhen und verläuft dann allmählich im **Barranco de los Vicentes** östlich des *Llano de la Gorra* wieder abwärts Richtung El Tablero. Zuletzt geht es an einigen großen *Fincas* der Reichen vorbei und durch das nette Villenviertel *Montaña la Data*, das auf einem schmalen Grat liegt. Durch Baumaßnahmen ändert sich die Wegführung bis zur Costa Canaria häufig. Die gesamte Rundfahrt ist ca. 25 km lang.

33 Mundo Aborigen und Parque Arqueológico de Arteara

Eine Reise zum Ursprung der Canarios bieten das 1994 eröffnete altkanarische Dorf und der Archäologische Park nahebei.

Das **Tal von Fataga**, das in die Charca von Maspalomas [s. S. 79] mündet, zieht sich weit ins Inselinnere hinein. Die Landstraße GC-60 folgt erst dem dortigen Bachlauf, steigt dann aber steil an. Es erfordert teilweise erhebliches Können, um bei der halsbrecherischen Fahrweise vieler Canarios einen Unfall zu vermeiden.

Nicht zu übersehen: Etwa 6 km nördlich der Umgehungsstraße von Playa del Inglés wehen linker Hand die bunten Fahnen vor der Natursteinmauer des **altkanarischen Dorfes** Mundo Aborigen (tgl. 9–18 Uhr, vier Mal täglich Busverbindungen mit Playa del Inglés).

Auf mehr als 110 000 m² Fläche wurde ein altkanarisches Dorf in Originalgröße aufgebaut, bevölkert mit Menschen- und Tierfiguren aus Plastik, Stroh und Stoffen. Das ganze gleicht einem lehrreich inszenierten Wachsfigurenkabinett. Auch die *Pflanzenwelt* und ihre Nutzung durch die Altkanarier wird dargestellt, ebenso die damaligen *Handwerkszweige*: Zimmerei, Töpferei, Korbflechterei und Kürschnerei. Die Informationstafeln zur Geschichte der Insel sind mehrsprachig, auch auf Deutsch. **Ruhezonen** und Bars mit Erfrischungen ermöglichen einen längeren Aufenthalt.

Ruhe und Frieden strahlen die weiß schimmernden Häuser von Fataga aus

Nur etwa 3 km nördlich, am Ortsausgang von Arteara, befindet sich der **Parque Arqueológico de Arteara**. Er erschließt eine vorgeschichtliche Nekropole mit über 1000 Hügelgräbern, darunter auch das ›Königsgrab‹ eines altkanarischen Herrschers. Im *Ausstellungszentrum* (Mo–Fr 10.30–14.30 Uhr) erhalten Besucher ausführliche Informationen über die archäologische Anlage. Anschließend können sie Abschitte des 2 km langen und 1 km breiten Areals erwandern.

34 Fataga

TOP TIPP *Wunderschön liegt das kleine Dorf in und über seiner Palmenoase, die höchsten Berge der Insel als Kulisse.*

Nördlich von Arteara liegt Fataga, ein reizendes Bergdorf im kanarischen Stil, dessen Häuser von hölzernen Balkonen geprägt sind. Mittelpunkt ist die Straßenkreuzung im Bergsattel, an der auch Bars und Restaurants zu finden sind. Von dort aus zieht sich der Ort den *Barranco* entlang den Hang weiter hinauf.

Links hinter dem *Kirchlein* liegt der verwinkelte alte Dorfkern, der nur für Fußgänger zugänglich ist. Eine schmale Kieselsteingasse, die Calle Maria del Pilar, führt von der Kirche links hinunter. Gleich rechts befindet sich ein kleiner Waschplatz am Hang. Die Steinhäuser sind weiß getüncht, manchmal wurden die großen Natursteine quasi als Dekoration ausgespart. In den kleinen Gärten wachsen Avocado, Mispeln und Orangen. Die Innenhöfe sind üppig mit Blumen geschmückt, braune Türen und Fensterläden harmonieren wunderbar mit roten Ziegeldächern.

Nicht zu verfehlen: Am höchsten Punkt Fatagas befindet sich die **Galeria de Arte** des deutschen Künstlers Friedhelm Berghorn. Abwärts geht es dann über die Calle la Montañela, ganz steil und in Serpentinen. Sie mündet in die Calle de los Reayes, die schließlich einen kleinen Bogen schlägt und damit zurück zum Kirchlein führt, dem Ausgangspunkt des reizenden kleinen Rundgangs.

Praktische Hinweise

Kamelsafaris

Manolo und **La Baranda** heißen die beiden Kamelfarmen zwischen Arteara und Fataga. Jeweils ganztags geöffnet.

Unterkunft

Molino del Agua, GC-60 km 1, Fataga, Tel. 928 17 20 89, Fax 928 17 22 44. Einfaches, aber recht gemütliches *Hotel Rural* mitten in einer blühenden Oase mit benachbarter Straußenfarm. Das Hotel ist in 250 Jahre alten Bauernhäusern eingerichtet. Mit einladendem Pool und einem Bar-Restaurant.

Restaurants

El Labrador, gegenüber der Kirche, Fataga, Bar-Restaurant mit Tapas und kanarischen Gerichten.

La Tella, Fataga, einfaches, typisches Grill-Restaurant mit Bartheke, Spezialität ist Lammschulter.

35 Santa Lucía de Tirajana

TOP TIPP *Die wild-romantische Lage macht das hübsche, palmengrüne Dorf zu etwas Besonderem, vom Privatmuseum ganz zu schweigen.*

Santa Lucía de Tirajana liegt 701 m hoch am Rand des *Barranco de Tirajana*. Der malerische Ort hat mit dem **Pozo de las Nieves** (1949 m) und dem **Cruz del Saucillo** (1800 m) zwei der höchsten Berge der Insel im Rücken und blickt auf die **Caldera de Tirajana**: eine hinreißend schöne Lage! Die blühende Gartenlandschaft ringsum zeugt vom Fleiß der Einwohner, ebenso die Neubauten mehrerer Restaurants und des Rathauses mit Stadtpark. Santa Lucía war einst von größter Bedeutung. Auf der Anhöhe der nahe gelegenen *Fortaleza de Ansite* [Nr. 36], erklärten die Spanier am 29. April 1483, dass Gran Canaria nun zum Königreich Kastilien gehöre.

Mühsame Handarbeit war früher das Mahlen der Orseille zur Purpurgewinnung

Die **Pfarrkirche** wurde 1525 der hl. Lucia von Siracusa geweiht. In den Jahren 1907–16 wurde das Gotteshaus im eklektisch-neoklassizistischen Stil verändert und mit einer runden Kuppel bekrönt. Damals erhielt die Kirche ihr charakteristisches Aussehen.

Der Entdecker der Fortaleza de Ansite und frühere Bürgermeister von Santa Lucía, Vicente Sánchez Araña, baute in Santa Lucía ein Museum in Form einer grandiosen Fantasie-Festung: TOP TIPP **Museo Castillo de la Fortaleza** (Calle Vicente Sánchez de Araña s/n, Mo–Fr 10.30–17.30 Uhr, Sa/So 11.30–17.30 Uhr). In den insgesamt 20 Räumen sind außer den archäologischen Funden rund um die Fortaleza de Ansite [Nr. 36] auch Kunsthandwerk aus dem 19. Jh. sowie Bilder zeitgenössischer kanarischer Künstler ausgestellt. Zu einer botanischen Erkundungstour lädt der Garten des Museums ein: Neben der heimischen Flora kann man hier Obstbäume aus verschiedenen Regionen der Welt kennen lernen.

i Praktische Hinweise

Restaurant

Hao, Museo Castillo de Fortaleza, Santa Lucía de Tirajana, Tel. 928 79 80 07. Typisches Ausflugslokal im schattigen Garten des Museums. Serviert werden Inselspezialitäten; meist bis spätnachmittags geöffnet.

36 Fortaleza de Ansite

Am Rand des wilden Barranco de Tirajana ragt der Fels von Ansite, die letzte Bastion des altkanarischen Widerstandes gegen die Spanier, empor.

Schon von weitem ist rund 4 km südöstlich von Santa Lucía die zackige TOP TIPP **Fortaleza de Ansite** zu erkennen, eine vulkanische Felsformation mit zahlreichen Höhlen, die den Altkanariern als Wohnraum und Begräbnisstätten dienten.

Eine 4 km lange asphaltierte Straße führt von der Landstraße am Friedhof vorbei abwärts in den *Barranco de Tirajana*, an dessen Rand der historische Fels aufragt. Von einem Parkplatz, der den

Nach oben nur Berge und Himmel, unter Santa Lucía der ganze grüne Talkessel

Canarios heute als Fest- und Versammlungsort dient, muss man zu Fuß noch wenige Meter nach oben steigen – und schon steht man in einer großen, zu einem natürlichen Tunnel geöffneten **Grotte**. Hier fand Vicente Sánchez Araña die meisten Schätze seines Museums (s.o.). Er erkannte auch die Bedeutung des Platzes als eine der letzten Bastionen des **Widerstandes** der Altkanarier gegen die spanische Übermacht. Mehr als 1600 Menschen sollen sich 1483 hierher geflüchtet haben. Die Spanier schickten als Vermittler den inzwischen getauften Don Fernando Guanarteme, der früher Guanchen-König von Gáldar gewesen war. Die Belagerten glaubten seinen Versprechungen und gaben auf. Sie schworen, den christlichen Glauben anzunehmen und der kastilischen Krone treu zu sein. Alle leisteten diesen Eid – bis auf zwei. Diese beiden altkanarischen Anführer stürzten sich der Legende nach lieber vom Felsen der Fortaleza in die Tiefe, als sich den Spaniern zu ergeben. Eine **Gedenkfeier** findet hier an jedem 29. April statt, zur Erinnerung an jenen Tag und den beiden unbeugsamen Kriegern zu Ehren. Für die heutigen Anhänger der Loslösung der Kanaren von Madrid ist dies ein willkommener Anlass, ihr Anliegen in Erinnerung zu bringen.

Zwischen *Barranco de Tirajana* und dem 912 m hohen Teheral schlägt die Straße sozusagen noch ein paar Kapriolen. Aber schließlich führt sie in einer langen Linkskurve, teils um weitere Schluchten herum, abwärts in Richtung Agüimes [Nr. 52].

Praktische Hinweise

Restaurant

El Alpendre, La Sorrueda. Auf dem Weg zur Fortaleza de Ansite liegt das hübsche, kleine Restaurant mit Terrasse. Serviert werden vor allem Fleischgerichte, (bis ca. 17 Uhr geöffnet).

Früher wie heute Versammlungsplatz von Inselbewohnern: die Fortaleza de Ansite

37 Lomo de los Letreros

Auf dem schmalen Bergrücken hinterließen die Altkanarier zahlreiche Steinritzungen.

Etwa 18 km hinter Santa Lucía [Nr. 35] biegt rechts die schmale Straße GC-104 ab, die relativ gerade Richtung Cruce de Arinaga führt. Nach den vielen Kurven ist diese Strecke geradezu eine Erholung für strapazierte Autofahrer.

Etwa 3 km weiter in der großen Linkskurve liegt links der **Parque de los Crocodilos** (So–Fr 10–17 Uhr), ein zoologischer Park, in dem nicht nur mehrere Hundert Reptilien gehalten werden, sondern auch viele andere Tiere wie Affen, Raubkatzen und Kamele. Jeden Tag um 13 Uhr werden die sonst recht trägen Krokodile gefüttert – ein Spektakel, das man sich nicht entgehen lassen sollte.

Ca. 2 km weiter führt rechts eine raue Piste ins offene, sehr steinige Gelände. Man muss jetzt sorgfältig Umschau halten, um nicht einfach an dem an sich markanten **Lomo de los Letreros** vorbeizufahren. Mit seinen gebogenen Basaltformationen sieht der Fels wie das Skelett eines riesigen Dinosauriers aus. Zum Schutz wurde der Lomo de los Letreros eingezäunt. Besucher können die uralten Felsritzungen allerdings auch durch die Gitterstäbe erkennen. Z. B. sind abstrakt wirkende menschliche Gestalten und geheimnisvolle Zeichen zu sehen, die an Fischgräten oder Leiterstufen erinnern. Die Wissenschaft hat sich bislang vergeblich darum bemüht, die Bedeutung dieser Darstellungen zu entschlüsseln.

Frühe Graffiti am Lomo de los Letreros

Zurück auf der GC-551 erreicht man schon nach knapp 3 km – noch vor Agüimes [Nr. 52] – die Abzweigung nach Temisas [Nr. 38]. Fährt man über diese Route nach Santa Lucía zurück, kann man eine landschaftlich interessante, wenn auch kurvenreiche Rundtour genießen.

38 Temisas

Das hübsche Dorf besticht vor allem durch seine Lage an der Nordflanke des 901 m hohen Teheral.

Auf dem Weg nach Temisas durchfährt man die reinste **Basaltwüste**. Später sind an den Hängen alte, nicht mehr bestellte Tomatenterrassen und viele Höhlen zu sehen. Wolfsmilchgewächse gedeihen zu Prachtexemplaren, Agavenblüten ragen steil in den Himmel, Feigenkakteen bedecken größere Flächen. Im Winter, wenn alles grün ist, sind die Pflanzen zusammen mit dem rötlichen Basalt eine wahre Augenweide.

Wie ein Amphitheater öffnet sich unvermittelt die *Caldera* und macht an ihren Hängen Platz für Temisas. Das Dorf liegt unterhalb der Straße auf 775 m Höhe und in prächtiger Südlage. Terrassen, Palmen, riesige alte Olivenbäume, weiße Häuschen, schwarze und rote Basaltfelsen – im Zusammenklang ein harmonisches Bild. Übrigens: Vorsicht beim Herumfahren im oberen Dorfteil, man kann nur schlecht wenden! Den schönen Ort sollte man also lieber zu Fuß erkunden.

Das weiße Kirchlein von Temisas trägt auf dem Dach einen winzigen offenen Glockenstuhl. Weiter oben ducken sich die Wohnhäuser eng zusammen, ein paar von ihnen werden vermietet.

Verlässt man Temisas, geht es zuerst über eine kleine Hochebene, rechts blickt man auf den Pico de las Nieves [Nr. 41]. Die Straße ist immer wieder in die Felsen eingeschnitten, die teilweise natürliche ›Fensteröffnungen‹ aufweisen.

39 San Bartolomé de Tirajana

Hübscher Verwaltungssitz der größten Gemeinde der Insel, zu der auch die Ferienorte der Costa Canaria gehören.

Zusammen mit Santa Lucía [Nr. 35] beherrscht San Bartolomé de Tirajana in

Bergauf, bergab – Temisas schmiegt sich eng an den Hang des Teheral. So wird schon der reizvolle Dorfrundgang zu einer kleinen Wanderung

850 m Höhe die **Caldera de Tirajana**. Mit 23 km Durchmesser ist dieser Talkessel nach dem von Tejeda [Nr. 43] der zweitgrößte Gran Canarias. Mehrere *Miradores* bieten einen schönen Ausblick auf das Dorf, herrlich ist das Panorama in das von den höchsten Gipfeln der Insel charakterisierte Tal.

Da San Bartolomé ein beliebter Ausgangspunkt für Jeep-Safaris und Wanderungen ist, sind die Preise in Bars und Geschäften relativ hoch. Besucher sind also gut beraten, sich schon vorab mit Getränken und Snacks einzudecken.

Das nur 600 Einwohner zählende San Bartolomé thront auf einem Felsgrat der *Caldera*. Von Süden kommend führt im Ort eine steile Straße links hoch zum *Mirador*. Der Aussichtspunkt gewährt einen überwältigenden Blick in die gigantische *Caldera*, den eingebrochenen Krater von Tirajana.

Der Kirchplatz liegt im unteren Ortsteil. An seiner rechten Flanke steht das niedrige *Rathaus* im kanarischen Stil, an seiner linken die Pfarrkirche **Santiago de Tunte**. Santiago ist der spanische Name für den hl. Jakobus, den Nationalheiligen ganz Spaniens. Tunte ist der alte Ortsname, die Spanier tauften im 16. Jh. die Siedlung um.

Auf den Ruinen einer Einsiedelei entstand 1534 die dreischiffige Basilika zu Ehren von San Bartolomé und dem Apostel Jakobus. Die Wahl der beiden Kirchenpatrone geht auf deren Feiertag, den 24. August, zurück. An diesem Tag im Jahr 1480 hatten die Spanier den Ort erobert.

Im Inneren der Kirche stehen rechts zwei Reiterstatuen des wichtigsten Heiligen des Ortes beisammen. Eine Skulptur von 1913 zeigt Santiago schwungvoll gestaltet, fast kriegerisch. Daneben steht der kleine ›**Santiago el Chico**‹, eine klobig-hilflose Darstellung, wie von Kinderhand gemacht, die mehr als 400 Jahre alt sein soll und hier innig geliebt wird. Beide Santiagos sind als Sieger über die Mauren dargestellt. Der große kämpft mit zwei Mauren, von denen einer schon unter dem linken Hinterhuf seines Pferdes liegt, der andere zückt noch das Schwert. Beim kleinen Santiago haben die Vorderhufe seines Pferdes den Kopf des Ungläubigen blutig geschlagen. Als Pilger trägt Santiago in der einen Hand das Kreuz, als Krieger in der anderen das Schwert.

Am Sonntag vor dem 25. Juli findet das größte kirchliche Fest von San Bartolomé de Tirajana statt. *Santiago el Chico* wird

Pistenfahrt von den Bergen ans Meer

Die Route von **San Bartolomé** nach **Maspalomas** abseits der Hauptstraßen verlangt streckenweise großes fahrerisches Können. Den Wagemutigen entschädigen wunderschöne Landschaften und prächtige Ausblicke.

Am **Cruz Grande**, etwa 5 km westlich von San Bartolomé [Nr. 39], öffnet sich der Blick nach Westen Richtung Stauseen. Bald danach biegt eine schmale Straße links ab, ein Schild weist zum **Embalse de Chira**. Rund 6 km geht es auf perfekter schmaler Asphaltstraße abwärts vorbei an den Ruinen der Ermita de Santiago bis zur **Pressa de Chira**, oft noch Embalse de Chira genannt. Hier ist oft viel los, denn dieser relativ gut zu erreichende Stausee ist Ziel zahlreicher Wochenendausflügler. Auch Karpfenangler aus allen Herren Ländern geben sich hier gern ein Stelldichein und hoffen auf ›dicke Fische‹. Zwei Lokale in **Los Cercados**, dem kleinen Ort am See, bieten dann gegrillte Hähnchen am laufenden Band an. Am südwestlichen Ende des Stausees genießen Kinder und Teenager die Freiheit von Schule und Elternhaus in der Jugendherberge **Albergue de Chira** direkt oberhalb der Staumauer.

Hier hört die Asphaltstraße auf und eine der **abenteuerlichsten Pisten** der Insel beginnt. Bis Maspalomas fährt man ca. 35 km, braucht dafür jedoch bestimmt zwei Stunden, mit Picknick natürlich länger. Dafür sind die landschaftlichen Schönheiten und die reiche Pflanzenwelt am Rande der Piste sehr reizvoll. Ein Jeep eignet sich für diese Tour am besten.

Lange folgt die Piste einer Wasserleitung, die aus einer Galeria im Berg kommt und schön restauriert wurde. Fast durchgehend fährt man auf halber Höhe des **Barranco del Negro** entlang. Schon ziemlich bald sieht man ganz weit unten die Zementfabrik von Arguineguin [Nr. 29].

Rechts weitet sich vor der Küste ein grünes Tal, links stehen steile Basaltwände voller Echium. Agaven mit hohen Blütenständen setzen hübsche Akzente und dickfleischiger Salbei duftet herrlich.

Bald sieht man die große Halbinsel von Maspalomas [s. S. 79] unten vor sich ausgebreitet wie auf einer Landkarte: Ganz deutlich ist die dichte Bebauung von Playa del Inglés auszumachen, hinter den Dünen rechts liegen Maspalomas und Arguineguin (s. o.).

Die Piste endet 11 km vom Staudamm entfernt im **Barrio Los Lomos**, wo die Asphaltstraße wieder beginnt. Vereinzelt stehen hier noch ein paar Kandelaber-Euphorbien und Tabaiba als letzte Zeichen der herrlich wilden, grancanarischen Natur – und schon hat den mutigen Pistenbezwinger die Zivilisation wieder.

Auf dem Pozo de las Nieves liegt Wanderern tief unten San Bartolomé zu Füßen

dann auf einem Wagen zu seinem ursprünglichen Aufstellungsort, der Kapelle im nahen **Pinar de Santiago**, Richtung Chira-Stausee, gefahren, wo die Figur bis 1850 stand. Da die Kapelle zerstört ist, wird die Messe um 10 Uhr im Freien abgehalten. Danach wird *El Chico* in einer langen feierlichen Prozession auf den Schultern der Gläubigen zurück nach San Bartolomé getragen, wo er gegen 14 Uhr in die Pfarrkirche zurückkehrt.

Am Samstag vor diesem großen Fest wird auf dem Kirchplatz von San Bartolomé ab 11 Uhr ein Viehmarkt abgehalten.

i Praktische Hinweise

Hotels

TOP TIPP ****Las Tirajanas**, Calle Mayor José Rùbio, San Bartolomé de Tirajana, Tel. 928 12 30 00, Fax 928 12 30 23, www.hotel-lastirajanas.com. Am *Mirador*, dem Aussichtspunkt an der *Caldera*, gelegenes, modernes Haus mit Panoramazimmern und gutem Restaurant (kanarische Küche).

Hostal Restaurant Santana, Calle Tamarán 10, San Bartolomé de Tirajana, Tel. 928 12 71 32. Einfache Unterkunft; im Restaurant wird spanische Küche serviert.

Bars

Bar El Guanche, Hauptstraße Nr. 4, San Bartolomé de Tirajana. Recht urige Bar mit *Tapas*.

Bar Martin, Hauptstraße, San Bartolomé de Tirajana. Große Auswahl an *Tapas* außerdem sollte man die Dorfspezialität *Guindilla* probieren, einen süßen Likör aus Rum, Zucker und kleinen Kirschen, die in diesem Gebiet wachsen.

Einfallsreich werden in San Bartolomé Andenken verkauft

Das Zentrum – romantisches Hochland

Unwidersprochen ist das Inselinnere das landschaftlich attraktivste Gebiet von Gran Canaria: Mit dem **Pozo de las Nieves** (1949 m), dem **Roque Nublo** (1803 m) und dem **Cruz del Saucillo** (1800 m) ist die Region geprägt von den höchsten Bergen der Insel. Vor allem wanderbegeisterte Reisende finden es in dieser Gegend so schön, dass sie gar auf den Rest der Insel ganz verzichten, wenn sie ein geeignetes Quartier im Zentrum gefunden haben.

Schon den Altkanariern waren gewisse markante Berge heilig, wie der 1404 m hohe **Roque Bentayga**. Auf dessen Rückseite wurden einzigartige berberisch-altkanarische Schriftzeichen entdeckt, ein weiteres Zeugnis der reichen Guanchen-Kultur und der historischen Bedeutung des Inselinneren. Auch die größten **Calderas**, darunter die von Tejeda mit ihren zahllosen Mandelbäumen, breiten sich hier aus. An die Ränder der Calderas schmiegen sich wunderschöne, weiße Dörfer. Gewissermaßen im Mittelpunkt der Insel liegt der **Cruz de Tejeda,** der höchste Pass der Insel (1490 m). Hier oben liegt dem Besucher ganz Gran Canaria zu Füßen.

40 Roque Nublo

Der geheimnisvolle ›Nebelfelsen‹ galt früher als Heiligtum, heute ist er ein Wanderparadies.

Das 1290 m hoch gelegene **Ayacata** ist der Treffpunkt aller, die von Süden kommen, um das Inselinnere zu erkunden. Die Streusiedlung mit nur knapp 100 Einwohnern und vielen Wochenendbesuchern ist malerisch eingebettet zwischen *Roque Nublo* und *Roque Bentayga* [Nr. 42]. Bei gutem Wetter sieht man von hier sogar den **Teide**, Spaniens höchsten Berg, der auf der Nachbarinsel Teneriffa 3718 m aufragt. Treffpunkt in Ayacata ist die meist sehr gut besuchte Bar der **Casa Melo** mit Lebensmittelgeschäft. Hier bekommt man die besten Tipps für Wanderungen und Ausflüge. Es werden auch Bergführer und Zimmer vermittelt.

Mit Proviant ausgerüstet, kann man von der Casa Melo zu Fuß den steilen **Aufstieg** über z. T. wieder hergerichtete alte Wege auf den Roque Nublo in Angriff nehmen (rund 2 Std.). Oder man macht es sich etwas leichter und fährt mit dem Wagen Richtung Cueva Grande. Nach gut 2,5 km kommt auf der linken Straßenseite ein Parkplatz mit kleiner Imbissbude. Von hier führt der zunächst steingepflasterte Weg, der für Ausflügler gut ausgebaut ist, bergan. Rund eine Dreiviertelstunde geht es durch dichten Kiefernwald. Immer wieder erkennt der Wanderer vor sich den charakteristischen Felsen in Mönchsgestalt, *El fraile*. Dann tritt man aus dem Wald hinaus und steht vor einem großen, sich leicht neigenden Steinplateau.

Auf der gegenüberliegenden Seite ragt ein weiterer Fels fast 80 m steil in den kanarischen Himmel: der eigentliche **Roque Nublo** (1803 m). Er ist nicht Gran Canarias höchster Gipfel, aber doch sein Wahrzeichen – mit Traumpanorama. Vor ihm liegt ein niedrigerer Fels, wie ein Frosch geformt. Es sieht aus, als bete dieser ›Frosch‹ den Nublo an.

Wenn man die Großartigkeit des Platzes bedenkt und weiß, dass der rotbraune Basaltfels häufig in den aufsteigenden Nebeln verschwindet, erstaunt es nicht, dass er für die Altkanarier heilig war. An diesem **Bergheiligtum** sollen sie sich versammelt haben, um sich bei strengem Fasten zu läutern. Vor allem in den Felswänden nördlich des Nublo erkennt man zahlreiche Höhlen, in denen Mumien der Altkanarier gefunden wurden.

◁ *Friedlich-grüne Terrassenlandschaft bei Juncalillo*

Praktische Hinweise

Restaurant

Casa Melo, auch *El Montañon* genannt, an der Kreuzung von Ayacata. Treff für Ausflügler und Wanderer. Die echt-kanarischen Spezialitäten werden auch auf der Terrasse serviert. Zivile Preise (auch im Winter geöffnet).

41 Pozo de las Nieves

Gipfelstürmen ist nicht möglich, doch rings um Gran Canarias höchsten Berg (1949 m) bietet sich ein herrliches Panorama.

Von Ayacata geht die Fahrt 5,5 km Richtung Cueva Grande. An der Kreuzung folgt man rechts dem Hinweis zum Pozo bzw. Pico de las Nieves. Die 3 km lange Strecke ist auch mit *Los Pechos*, ›die Brüste‹, ausgeschildert. So nennen die Grancanarios die beiden militärischen Forschungsstationen, die mit ihren zahlreichen Antennenmasten den höchsten Berg der Insel verunzieren.

Der eigentliche Gipfel ist militärisches Sperrgebiet, aber etwas unterhalb liegt ein *Mirador*, ein Aussichtspunkt. Von hier oben lässt sich das herrliche **Panorama** der Bergwelt genießen. Allerdings nur, wenn kein allzu starker Nordost-Passat über die *Degollada* hinweg ins Tal von Tejeda fällt und den Talkessel in dichte Wolkenwatte verpackt.

Links unten ist die Streusiedlung von Cazadores zu sehen, dahinter das Meer. Rechts davon ist Santa Lucía [Nr. 35] und davor San Bartolomé [Nr. 39] zu erkennen. Geradeaus ragt der Roque Nublo [Nr. 40] empor und zu seiner Linken der auf ihn zuspringende ›Frosch‹. Dieser kleinere dreieckige Felsen ist von keiner anderen Stelle so gut zu erkennen wie von hier. Rechts davon ragt der ›heilige‹ Roque Bentayga [Nr. 42] auf. Bei schönem Wetter kann man sogar bis **Teneriffa** schauen. Hinter Nublo und Bentayga erkennt man auf der Nachbarinsel die Cañadas und rechts davor den Teide, weiter rechts die abfallende Cumbre. Zwischen den Bergen Teneriffas und Gran Canarias liegt immer eine dichte Wolkenbank über dem Meer, sozusagen als Trennlinie.

Die Fahrt um den Pozo de las Nieves ist begleitet von dichtem Kiefernwald mit z. T. schönen, alten Bäumen. Mehrere Picknick-Plätze von riesigen Ausmaßen zeigen, wie gerne die Einheimischen hierher in die Sommerfrische kommen. Eine Pfirsichbaum-Pflanzung zeugt von der Experimentierfreudigkeit des grancanarischen Ministeriums für Landwirtschaft.

Von der Kreuzung unterhalb des Inselhöchsten führen zwei Wege abwärts. Rechts eine wunderschöne, ziemlich hoch angesetzte Strecke, die den **Cruz del Saucillo** (1800 m) berührt. Sie führt über *Caldera de los Marteles* und *Cazadores* bis Telde [Nr. 55]. Links geht es 8 km geradeaus zum *Cruz de Tejeda* [Nr. 44], mit 1490 m der höchste Pass der Insel. Man kann auch an der Kreuzung den Weg zurück bis Ayacata nehmen, um von dort die Fahrt nach Norden Richtung Cruz de Tejeda fortzusetzen. Auf dieser Route öffnen sich immer wieder herrliche Ausblicke nach Süden zurück und nach Westen bis Teneriffa, über viele, viele Bergrücken und Felsen hinweg. Vom Cruz de Tejeda geht nach 7 km links die Abzweigung zum Roque Bentayga [Nr. 42] ab.

Vor dem Ausruhen am großartigen Roque Nublo steht der schweißtreibende Aufstieg

42 Roque Bentayga

TOP TIPP *Heilige Stätte der Altkanarier und Fundgrube der Archäologen.*

Bentayga ist ein altkanarisches Wort und bedeutet ›geheimer Platz‹ oder ›heiliger Berg‹. Inzwischen sind die Bergstraßen rund um den *Cruz de Tejeda* [Nr. 44] her-

Magie des Augenblicks, wenn der Roque Bentayga aus dem Nebelmeer aufsteigt. Im Hintergrund erhebt sich der Teide auf der Nachbarinsel Teneriffa

vorragend ausgebaut und ausgeschildert, man hat höchstens die Wahl, rechts oder links herum zu fahren. Immer genießt man die schönsten Ausblicke auf hohe Gipfel und in Calderas hinein. Auch die Zufahrt zum Bentayga ist nicht zu verfehlen, zuletzt geht es Richtung *Espinillo* (das links liegen bleibt) und geradeaus auf einer ebenfalls asphaltierten ›Privatstraße‹. Eine Schranke reglementiert die Zufahrt zum Roque Bentayga (Okt.–April 9.30–17.30, Mai–Sept. 10–19 Uhr).

Man parkt am **Informationszentrum** mit kleinem, aber qualitätvollem *archäologischem Museum* und legt die restliche Strecke zu Fuß zurück (festes Schuhwerk ist notwendig). Der zunächst einfache, dann schwierige Aufstieg dauert etwa 20–30 Minuten. Entweder schließt man sich einem der Führer des Zentrums an oder folgt auf eigene Faust mit einigem Gespür dem in den Basalt gehauenen Weg. Das letzte Stück ist ziemlich anstrengend. Man sollte schwindelfrei sein und in Begleitung gehen, um sich gegenseitig helfen zu können. Dafür sind die Ausblicke von hier oben wahrlich atemberaubend schön. Und schließlich ist auch der letzte Fels geschafft, der Grat erklommen und man steht am Fuß des markanten Monolithen Roque Bentayga.

Vor dem Fels breitet sich eine Kultstätte der Altkanarier aus, einer der besterhaltenen *Almogaren* Gran Canarias. Ein Rechteck ist plan aus dem Felsen geschlagen. Die tiefen Rillen am Rand sind mit der kreisförmigen Mulde in der Mitte verbunden. Es könnte sich hierbei um einen Altar für Trankopfer handeln.

Der Legende nach spielte sich hier einst Folgendes ab: An dieser Stelle baten die Altkanarier ihren Gott *Alcorac* um Regen, Heilung von Krankheiten und den Sieg über die Feinde. Die ganze Zeremonie verlief unter Aufsicht des *Guanarteme* und des *Faycanes*, des Königs und des Hohepriesters. *Hermiguadas*, ›heilige‹ Jungfrauen, schütteten Wasser oder Milch in die Rillen des Altars. Junge Lämmer wurden von ihren Muttertieren getrennt. Ihr ängstliches Sich im Kreis Drehen galt als heiliger Tanz, ihre Schreie nach der Mutter sollten den Gott gnädig stimmen. Anschließend zogen die heiligen Jungfrauen zum Meer, nahmen ein kultisches Bad, schlugen das Wasser mit Palmzweigen und riefen *Almene corao* – Gott helfe mir. Weiterhin wird vermutet, dass sich 1480, als die Spanier die Insel einzunehmen begannen, Altkanarier an diese wohl bedeutendste Kultstätte im Zentrum der Insel zurückzogen.

TOP TIPP Zu Fuß von El Chorillo nach El Carrizal

Nur 2 Stunden dauert die Wanderung durch die grandiose **Bergwelt** Gran Canarias von einem Dorf zum nächsten und zurück.

Schon die Anfahrt zum Ausgangspunkt ist ein Erlebnis. Gleich unterhalb der **Cuevas del Rey** führt nach der spitzen Kurve rechts die schmale Straße, teils asphaltiert, teils geschottert durch terrassierte Hänge mit Mandelbäumen abwärts und verführt immer wieder zu Foto-Stopps. Nach ca. 7 km ist der Weiler **Solana del Chorillo** erreicht: kleine weiße Bauernhäuser, von grünen Feldern umgeben. Nach einem weiteren Kilometer abwärts steht in einer Linkskurve eine Garage. Da die Straße ab hier

Fehltritte sollte sich in den hiesigen Bergen niemand leisten

asphaltiert ist, ist das Wandern darauf nicht gerade zu empfehlen, also fährt man am besten über die kleine Brücke in das hübsche, verschlafene Dorf **El Chorillo**, in dem die Straße endet. Nicht immer hat die kleine Tienda im Dorf geöffnet, also sollte man Wasser bei sich haben oder zumindest hier in eine mitgeführte Flasche abfüllen. Denn über dem Dorf sprudelt das ganze Jahr lang eine Quelle aus einer Felsplatte. Kein Wunder also, dass El Chorillo in rund 625 m Höhe keine Wasserprobleme kennt und seine Gärten ringsum das ganze Jahr über wunderbar grünen und blühen.

Das markante weiße Gebäude mit Arkaden war früher die Schule. Jetzt gibt es in El Chorillo keine Schulkinder mehr. Aber an den Wochenenden füllt sich der Ort wie so manche Dörfer im Zentrum der Insel wieder mit Leben. Die jungen Familien, die meist in Las Palmas ihrem Broterwerb nachgehen, besitzen hier noch kleine Häuser und Felder.

Etwa in Höhe der alten Schule beginnt rechts ein betonierter Weg, der am Rande des Dorfes zu einem **Wanderpfad** wird. Über diesen alten Pfad gehen die Bewohner von El Chorillo seit Generationen, wenn sie Freunde und Verwandte in **El Carrizal** am Roque de los Pérez (1126 m) besuchen wollen.

Der sich in vielen Kehren windende Weg mit steilem Abstieg am Ende ist nicht zu verfehlen. Von Dorf zu Dorf dauert es bei gemütlichem Gehen eine knappe Stunde. Die Dörfler behaupten, sie schaffen es in einer halben! Schon von der letzten Kurve aus ist El Carrizal zu sehen. Es liegt 750 m hoch und zählt heute keine 50 Einwohner mehr, ist aber wegen seiner Lage am Barranco-Rand sicher eines der hübschesten Dörfer der Insel. El Carrizal bietet dem Wanderer einen großen Vorteil: das moderne Bar-Restaurant **El Cairete** (Tel. 928 17 01 49, Di–So geöffnet, aber vorsichtshalber vorher anrufen) in alten Mauern mit schöner Aussichtsterrasse. Hier können sich müde Ausflügler bequem mit dem Wagen abholen lassen, denn die Asphaltstraße nach El Carrizal ist hervorragend ausgebaut. Sie ist das Ergebnis eines EU-Projekts, um die einsamen Dörfer vor dem Aussterben zu bewahren.

Im Zuge dieser Regionalförderung wurde auch eine sehr schmale, geradezu halsbrecherische Straße von El Carrizal zum **Stausee von Paralillo** gebaut. Aber wer gute Nerven besitzt, dürfte die 4 km lange Fahrt abwärts, die dann allerdings in die Stauseen-Strecke [s. S. 64] übergeht und entsprechend länger dauert, bestimmt genießen.

Prüfende Blicke auf die tierischen Favoriten des nächsten Arrastre-Wettbewerbs

Erst 1995 entdeckte der Archäologe und damalige Direktor des *Museo Canario* [s. S. 26], Julio Cuenca Sanabria, auf der Rückseite des Roque Bentayga berberisch-altkanarische Schriftzeichen, die ihrer Entschlüsselung harren. Ebenso muss eine große Höhle unterhalb des Trankopferaltars noch archäologisch ausgewertet werden. Sie wurde schon vor langer Zeit durch herabstürzende Felsbrocken blockiert, weshalb man sich hier reiche Funde verspricht.

43 Tejeda

TOP TIPP *Der schönste Ort des größten Talkessels, inmitten von malerischen Mandelbaumterrassen.*

Zu Füßen des Roque Nublo öffnet sich die **Caldera de Tejeda**, Gran Canarias schönster und mit 25 km Durchmesser auch größter eingesunkener Krater. Steht man in Tejeda am Kraterrand und schaut nach Süden, bietet sich eine faszinierende Aussicht: Man könnte fast glauben, die direkt hinter einander gestaffelten gezackten Bergkämme setzten sich bis ins Endlose fort.

Man sollte die *Caldera* Ende Januar oder Anfang Februar besuchen, wenn die abertausend **Mandelbäume** in voller Blüte stehen! Rosa und weiß strahlen die Kronen der meist wild wachsenden Bäume und das Tal ist ein einziges Blütenmeer.

Tejeda selbst liegt westlich und unterhalb der GC-60 direkt am *Barranco*-Rand, markant überragt von Roque Nublo [Nr. 40] und Roque Bentayga [Nr. 42]. Eine Hauptstraße durchzieht den größten Teil des Dorfes. Hinter der kleinen, innen unscheinbaren, aber doch hübsch anzuschauenden Kirche (1930) führt eine steile Gasse in den unteren Dorfteil. Hier stehen die ältesten Häuser von Tejeda. Sie sind strahlend weiß getüncht und tragen z. T. die typisch kanarischen Holzbalkone. Überall blühen üppige Blumen und abgesehen von Festtagen herrscht wohltuende Ruhe.

Am Kirchplatz mit dem schlichten Rathaus und einem gut sortierten Gemischtwarenladen trifft sich abends auch die Dorfjugend. Immerhin leben in dem Ort in 1049 m Höhe 900 Menschen, an die 2550 sind es im gesamten Gemeindegebiet.

i Praktische Hinweise

Einkaufen

Dulceria Nublo Marzepanes, Zentrum, Tejeda. Mandelkuchen und Marzipan aus den Mandeln von den umliegenden Terrassen.

Restaurants

Bar Sombra del Nublo, Zentrum, Tejeda. Bei den Einheimischen beliebte *Tapas*-Bar mit Restaurantbetrieb.

Wo immer gefeiert wird, sorgen traditionelle Musikanten für die richtige Stimmung

Frühlingsgefühle beim Mandelblütenfest

An einem Sonntag im Februar findet in Tejeda (im Wechsel mit Valsequillo [Nr. 56]) das schönste Fest des Jahres statt: Die **Fiesta de Almendros** wird ausgerichtet, das Mandelblütenfest. Schon frühmorgens wird die Dorfstraße unterhalb der GC-60 für Fremdfahrzeuge gesperrt. Freundliche, traditionell gekleidete Jugendliche reichen den Festgästen an den Schranken zur Begrüßung kleine Marzipankuchen. Im Dorf unten werden die ersten Stände aufgestellt, Kunsthandwerk vorgeführt und die Produkte der Region verkauft: Ziegenkäse aus Valsequillo, Honig, Plätzchen und natürlich köstliches Mandelgebäck und Marzipan aus Tejeda selbst. Nicht zu vergessen **Bienmesabe**, was wörtlich übersetzt ›das schmeckt mir gut‹ heißt. Es ist eine Mischung aus fein gehackten Mandeln und Honig – die leckerste, wenn auch teuerste Spezialität des Dorfes. Sie schmeckt wunderbar über Flan und anderen Süßspeisen.

An der Dorfstraße in schönster Panoramalage mit dem Bentayga vor Augen – und je nach Wetter auch mit dem Teide Teneriffas – wird Stroh aufgeschüttet. Dort können die Zuschauer die traditionellen **Arrastre**-Wettbewerbe verfolgen. Dabei ziehen die starken kanarischen Kühe schwere Steine. Das Tier, das am schnellsten voran kommt, hat gewonnen.

Später singen in regionale Trachten gekleidete **Folkloregruppen** kanarische Lieder und führen Tänze vor. In der kleinen Pfarrkirche unterhalb der Dorfstraße findet ein Gottesdienst statt – und der Pfarrer freut sich angesichts gut gefüllten Kirchenbänke.

Anschließend geht es aber üblicherweise gleich in die Bar oder in ein Restaurant. Wer im festtäglichen Trubel keinen freien Tisch mehr erwischt bestellt sich etwas an der Theke und wartet genauso geduldig wie der Nachbar auf seine Papas arrugadas (Runzelkartoffeln, s. S. 128) oder das Bocadillo, das frisch mit Ziegenkäse belegte Brötchen. Dazu trinkt man ein Glas Wein und schaut entspannt dem bunten Treiben drinnen und draußen zu.

Tejeda, Zentrum, Tejeda,
Tel. 928 66 60 55. Nettes helles Restaurant mit Holztischen. Gute kanarische Küche. Auch Zimmervermietung.

44 Cruz de Tejeda

Eukalyptusbestandener, höchstgelegener Pass der Insel mit traumhaft schönen Ausblicken.

Bis in die 1930er-Jahre war Cruz de Tejeda auf 1490 m Höhe der zentrale **Kreuzungspunkt** vieler Straßen und Pfade Gran Canarias. Trotzdem gab es hier nichts außer einem Wegkreuz und einigen inzwischen meist verlassenen Feldern. Im Sommer führten die Hirten ihre Ziegen- und Schafherden über den Bergsattel auf die Weiden.

1938 begann man mit dem Bau des Berghotels nach Plänen von Néstor Martín Fernández de la Torre [s. S. 32]. Im Nu wurde der landschaftlich hinreißende Cruz de Tejeda zu einem touristischen Anziehungspunkt. 1968 wurde aus der kleinen Herberge ein *Parador Nacional*, ein staatliches Touristenhotel mit Restaurant und Bar. Seit den 1990er-Jahren ließ man den Parador leider immer mehr verkommen und inzwischen ist er wegen Renovierungsarbeiten auf unbestimmte Zeit geschlossen.

Immerhin bieten einige Stände alles an, was des Ausflüglers Herz begehrt. Und gegenüber dem Parador ist ein nettes kleines Landhotel namens El Refugio entstanden (s. u.).

Kein Wunder, dass am Wochenende bei schönem Wetter so viele Grancanarios hier heraufziehen: Cruz de Tejeda ist ein hervorragender Ausgangspunkt für **Ausflugsfahrten** und ausgedehnte **Wanderungen** in die traumhaft schöne Umgebung: zum Pozo de las Nieves [Nr. 41] oder in das Tal von Valsequillo [Nr. 56]. Das Tal von Tejeda [Nr. 43] kann man ebenso besuchen wie Artenara [Nr. 47], das höchstgelegene Dorf der Insel, und die herrlich-dichten Kiefernwälder des Pinar de Tamadaba [Nr. 48].

Am Cruz de Tejeda liegt dem Besucher tatsächlich ganz Gran Canaria zu Füßen. Im Süden locken San Bartolomé [Nr. 39] und Santa Lucía [Nr. 35].

6 km östlich bietet **Las Lagunetas** inmitten seiner Obstbaumhaine und Terrassenfelder mit Kartoffeln, Mais oder Gerste einen sehr schönen Anblick. Der Ort ist das Tor zur Landwirtschaftsregion des Nordostens. Gen Norden schaut man von Las Lagunetas weit in das üppig grüne Tal von Valleseco [Nr. 49] hinein, das seinen Namen ›trockenes Tal‹ wahrlich nicht verdient.

Tejeda lädt zum Fest – und die Gäste kommen zahlreich von nah und fern

Bei **Lechusa**, 4 km weiter, genießt man wieder hinreißende Ausblicke in das Tal, diesmal mit dem kleinen Stausee von Ariñes. So geht es weiter bis kurz vor *Vega de San Mateo* [Nr. 5]. Mit jeder Kurve der eukalyptusgesäumten Straße eröffnen sich neue Landschaftsbilder, eines schöner als das andere.

i Praktische Hinweise

Hotel

*****El Refugio**, Cruz de Tejeda,
Tel. 928 66 65 13, Fax 928 66 65 20,
www.hotelruralelrefugio.com. Kleines zauberhaftes Landhotel gegenüber dem Parador mit Restaurant (kanarische Küche, mittelpreisig). 17 nette Zimmer in hellem kanarischem Stil (schönes Handwerk), Frühstücksbuffet. Kleiner Pool.

Restaurants

Asador de Yolanda, Cruz de Tejeda,
Tel. 928 66 62 76. Sehr hübsches Aus-

flugslokal mit einer in Stufen angelegten Terrasse, neben dem Refugio. Echte kanarische Fleischspezialitäten, nicht gerade preiswert (tgl. 9–19 Uhr).

Bar Perera, GC-15 Cruz de Tejeda – San Mateo, km 31. 2,5 km vom Cruz, Tel. 928 66 42 39. Sehr freundliche Bar mit guten *Tapas* und preiswerten Menüs im angeschlossenen Restaurant. Geboten werden echt kanarische Gerichte. Eine Spezialität ist Spanferkel. Lebensmittelladen nebenan.

Am traditionsreichen Cruz de Tejeda lädt ›El Refugio‹ zum Verweilen ein

45 Pinos de Gáldar

Beeindruckend ist der schwarze klaffende Kraterschlund.

Vom Cruz de Tejeda [Nr. 44] läuft eine gewundene Bergstraße nordwestlich direkt auf *Pinos de Gáldar* zu. Diese Strecke ist von großer landschaftlicher Schönheit. Hauptsächlich führt sie entlang der früher mit Edelkastanien bewachsenen Hänge des **Moriscos** (1764 m). Nach einer scharfen Linkskurve fällt die Straße plötzlich ab zum schönen Krater von

TOP TIPP

Pinos de Gáldar. Vom *Mirador*, dem Aussichtspunkt, blickt man in den schwarzen Schlund des Kraters. Er ist voller *Picón*, grobkörnige Lavaasche, die den Tau sehr gut speichert. Die kanarischen Bauern reichern damit ihre Felder an. Für die Hydrokultur zu Hause wird das Granulat meist in helleren Farben verwendet. Schön ist zweifellos der Kontrast zwischen dem Schwarz des Kraters und dem intensiven Grün der kanarischen Kiefern ringsum.

◁ *Sogar im vielzackigen Felsenrand der Caldera de Tejeda setzt die Felsnadel des Roque Nublo deutliche Akzente*

46 Juncalillo

Reizendes Dörfchen mit Höhlenwohnungen inmitten einer sanften Hochebene.

Etwa 1 km südwestlich von *Pinos de Gáldar* [Nr. 45] führt rechts die wunderschöne, sanft-kurvig ausgebaute GC-160 abwärts in ein weites **Almgebiet**, das man hier zwischen den zackigen Felsformationen nicht erwartet hätte. Über das winzige, kaum mehr als ein Gehöft umfassende *Tablado* kommt man nach *Juncalillo*. Das schmucke Dorf ist zweigeteilt. Rechts der Straße liegen die schönen, gepflegten und bewohnten **Höhlenwohnungen**, links *Juncalillo Plaza* mit dem Kirchlein. Leider haben die Touristikfachleute Juncalillo entdeckt. Nun treffen meist dienstags große Ausflugsbusse in dem ansonsten friedlichen Ort ein.

TOP TIPP Barranco Hondo

Von Juncalillo aus führt die GC-223 nach Nordwesten zum schönen *Barranco Hondo*. Auf einer Nebenstraße gelangt man durch die grüne, großzügig terrassierte Schlucht mit ihren zahlreichen bewohnten **Höhlenwohnungen**, vor denen Geranien und Iris blühen.

Nach ca. 3 km abwechslungsreicher Fahrt erreicht man die Streusiedlung **Los Lugajeros**, die idyllisch an einem der kleinen Stauseen von Pérez liegt. Auch sie besteht praktisch nur aus Höhlenwohnungen. Verwirrend wirkt ein Hinweis nach Agaete [Nr. 17], das heute von hier aus mit dem Auto gar nicht mehr erreichbar ist. Nur noch mit den Augen gelangt man dorthin, denn auf der Strecke nach **Fagajesto**, die rechts vor den Seen abzweigt, gibt es atemberaubend schöne Ausblicke, sozusagen von der Rückseite des **Gordo**, auf das Valle de Agaete. Nur zu Fuß könnte man den mühsamen Abstieg in das tiefe Tal wagen.

Auf der gut ausgebauten GC-220 geht es von Fagajesto aus wieder nach Süden und nach ca. 4 km erreicht man Juncalillo, den Ausgangspunkt der panoramareichen kleinen Rundfahrt.

Eine längere Tour kann man unternehmen, wenn man sich bei Fagajesto auf der GC-221 nach Osten wendet. Nach Durchfahren einer weit geöffneten Almlandschaft kommt man wieder auf die hervorragend ausgebaute GC-75. Sie führt mitten durch vulkanisches *Picón*-Gebiet mit ganz jungen Kiefern-Anpflanzungen bis zur hübschen Streusiedlung von **Fontanales** mit ihren modernen kanarischen Häusern und ein paar Höhlenwohnungen. Von hier erreicht man gut die *Calde-*

Mindestens einen Blick in den Krater von Pinos de Gáldar sollte man riskieren

ra Pinos de Gáldar [Nr. 45], nur 4 km weiter südlich, oder den *Barranco del Laurel* [Nr. 11] und Moya [Nr. 10] im Norden.

47 Artenara

Höchstgelegenes Dorf Gran Canarias mit grandiosem Panorama.

Das Dorf Artenara liegt überaus malerisch 1230 m hoch am nördlichen Rand der weiten Kratersenke von Tejeda und hat sich sehr vorbildlich entwickelt, mit schönen Reihenhäusern am Rande und sogar einem Gemeinde-Schwimmbad.

Dass hier schon früh Menschen siedelten, beweist der altkanarische Ursprung des Ortsnamens. Artenara bedeutet in etwa ›zwischen Fels verstecktes Land‹. Bis zum Einzug der Moderne war es das zweitwichtigste *Töpferzentrum* der Insel. Einige alte Häuser blieben mit ihrer historischen Bausubstanz erhalten, vor allem in der Hauptstraße und in der Gasse oberhalb der Kirche.

Aber das schönste an Artenara ist für die meisten Besucher der weite Blick über die **Caldera de Tejeda** mit dem Dorf Tejeda [Nr. 43] und den beiden heiligen Felsen von Nublo [Nr. 40] und Bentayga [Nr. 42]. Östlich des Roque Bentayga sind drei weitere markante Felsen zu erkennen. In ihrem Inneren befinden sich die *Cuevas del Rey*, ein großes Höhlensystem, dessen Eingang jedoch in jüngster Zeit eingestürzt ist. Weit darüber hinaus scheinen sich die *Barrancos* endlos hintereinander aufzureihen. Rechts sind sie vom *Altavista* (1377 m) begrenzt, links vom *Pozo de las Nieves* (1949 m) [Nr. 41] mit *Los Pechos*, den beiden Forschungsstationen des spanischen Militärs.

TOP TIPP

Besonders voll wird es in dem kleinen Artenara (1600 Einw.) am vorletzten und letzten August-Sonntag. In dieser Woche wird die ›**Virgen de la Cuevita**‹ gefeiert. (Der Termin kann sich verschieben; man sollte sich vorher erkundigen.) Es ist das bedeutendste und schönste kirchliche Fest der Gegend. Es bringt viele Gläubige aber auch Schaulustige in das so hübsch gelegene Dorf [s. S. 106].

Gegenstand der Verehrung ist eine 80 cm hohe **Holzskulptur** mit Krone und Strahlenkranz. Auf ihrem linken Arm trägt die aus Mallorca stammende Jungfrau das Jesuskind. Es heißt, Franziskaner hätten die Statue hierher gebracht, um mit ihrer Hilfe die Canarios zu bekehren. Aber weder lassen sich dieser Zeitpunkt noch das Alter der Statue oder gar der Künstler, der sie schuf, genauer bestimmen. Jedenfalls gilt die pausbäckige, rosige Jungfrau als Patronin aller Folkloregruppen und Radrennfahrer Gran Canarias. Darum ehren diese Gruppen die ›Jungfrau von der kleinen Grotte‹ während dieses Festes ganz besonders.

Ihren angestammten Platz hat die Virgen in einer **Cuevita** (tgl. ganztags geöffnet), der kleinen namengebenden Felsengrotte am Ortsrand. Sie ist über eine steingepflasterte und danach in Stufen

Eng umringen die Häuser von Artenara ihre Pfarrkirche, aber weit ist der Blick ins Umland

Tief in die Felsen geschlagen bewahren die Cuevas del Rey ihr Geheimnis

ausgebaute ›*Pilgerstraße*‹ leicht zu erreichen. Vom oberen Dorfende geht man am Restaurant Esquina vorbei Richtung Tejeda und biegt dann links ab. Die Grotte ist ganz aus dem **roten Tuff** geschlagen, samt Altar und Lesepult, Kanzel und Beichtstuhl, Empore und Weihwasserbecken, Priesterstuhl und Taufbecken! Die dadurch entstandene Kapelle ist immerhin 4,4 m hoch und hat einen Durchmesser von 8 m. Nach dem Volksglauben entstand die *Cuevita* bereits im 14. Jh., aber eine Datierung ins 17. Jh. ist wahrscheinlicher. Jedenfalls wurde die Grottenkirche, wie eine Inschrift besagt, bewusst hier in 1219 m Höhe gegenüber den beiden altkanarischen Heiligtümern Roque Nublo und Roque Bentayga gegründet – sozusagen als Gegengewicht zu dem alten Glauben.

Ungestört und friedlich grasen Schafherden in der idyllischen Caldera de Tejeda

Fest der Virgen de la Cuevita

Am vorletzten Sonntag im August wird die kleine Skulptur der ›Jungfrau Maria‹ mit Kind von ihrem angestammten Platz in der Grottenkapelle am oberen Dorfrand von **Artenara** in einer Prozession zur Pfarrkirche geführt. Dort bleibt sie eine ganze Woche ausgestellt. Während dieser Woche wird sie mit mehreren Gottesdiensten, aber auch mit feucht-fröhlichen Festlichkeiten, mit Markt und Spielen gefeiert. Am letzten Sonntag im August tragen die Bewohner von Artenara die ›Virgen de la Cuevita‹ gegen 17 Uhr zum **Parque Municipal**, dem Dorfplatz, wo sie mit Folkloretänzen feierlich begrüßt wird. Gegen 21 Uhr führt eine neuerliche Prozession die Virgen im Schein von Fackeln und mit krachend-lautem Feuerwerk in ihre Grottenkapelle zurück. Im Dorf aber geht, wie in Spanien üblich, so ab 23 Uhr, das Feiern erst richtig los, eine fröhliche und ausgelasse Angelegenheit.

Die Pfarrkirche **San Matías** wiederum wurde 1782 eingeweiht. Der hl. Matthias ist der eigentliche Dorfpatron und sein Fest wird am 23. Februar gebührend gefeiert. Trotzdem wird er nicht annähernd in gleichem Maß verehrt wie die *Virgen de la Cuevita*.

Die zahlreichen **Höhlenwohnungen** von Artenara sehen mit ihren Vorbauten heute eher wie normale, an die Felswand gelehnte Wohnhäuser aus. Die Höhlen stammen zum größten Teil aus vorspanischer Zeit. Sie gehen angeblich bis auf die Steinzeit zurück, was durch Funde in der Umgebung untermauert wird.

Im Übrigen ist das Dorf heute recht wohlhabend. Es leistete sich einen neuen Dorfplatz und viele Freizeitangebote, etwa einen Pool. Dahinter sieht man eine der neuen Reihenhaus-Siedlungen, die rings um Artenara entstanden sind.

Die untere Dorfstraße geht in die 7 km lange Strecke über, die direkt nach Tejeda [Nr. 43] führt. Die Straße schlängelt sich in großen, für das Inselzentrum geradezu gemütlichen Kurven allmählich abwärts in den **Barranco de Tejeda**. Allenthalben öffnen sich herrliche Ausblicke weit nach Westen und Süden. Tejeda erreicht man über den Ortsteil **El Rincón** (der Winkel), der seinem Namen alle Ehre macht: Er ist wirklich winzig und verwinkelt.

i Praktische Hinweise

Information

Información, an der oberen Einfallstraße, Artenara, Tel. 928 66 61 02. In einer früheren Höhlenwohnung und mit einem kleinen Höhlenmuseum.

Restaurants

La Silla, Artenara. Ausflugslokal mit bodenständiger Küche und schöner Aussicht über die ganze *Caldera* mitsamt Roque Nublo und Bentayga (Di–So 9–18 Uhr).

La Esquina, Artenara, Tel. 928 66 63 81. Bekannt für gute *Tapas*. Im Freien seitlich der Kirche auf dem kleinen Dorfplatz sitzend, genießt man ebenfalls den Blick über die *Caldera de Tejeda* mit dem Dorf Tejeda in voller Schönheit (Mo geschl.).

Bar Diaz, oberhalb des Kirchplatzes, Artenara. Bei Einheimischen beliebte, unscheinbare *Tapas*-Bar in der die Köstlichkeiten für jeden Gast frisch zubereitet werden.

48 Pinar de Tamadaba

TOP TIPP *Sicher der schönste Wald kanarischer Kiefern auf der Insel.*

Allein die Fahrt in das beliebte Ausflugsgebiet 16 km nordwestlich von Artenara [Nr. 47] ist großartig. Fast wie auf einer **Panoramastraße** geht der Weg in vielen Kurven auf den Wald zu: einmal mit Blick auf die Stauseen im Süden, dann auf die im Norden – und schließlich rings um den 1444 m hohen **Tamadaba**.

Der großen Rundstrecke um den Berg schließt sich nördlich eine kleinere unbefestigte an. Alle Straßen führen durch den schönen **Kiefernwald** und geben immer wieder herrliche Ausblicke frei. Vor allem nach Süden in die *Caldera de Tejeda*, zum Roque Bentayga [Nr. 42] und Roque Nublo [Nr. 40] ist die Aussicht grandios. Später sieht man weit nach Westen und bei gutem Wetter sogar den Teide von Teneriffa. *Zona Recreativa,* Erholungsgebiet, steht auf großen Tafeln. Es ist wahrlich ein Gebiet, in dem man ganz tief durchatmen kann, mit einladendem Picknickplatz unter alten Pinien. Ringsum gibt es nur kiefernduftende Natur, im Frühjahr ergänzt vom Zauber der rosa und weiß blühenden Zistrosenbüsche.

In der Nähe befindet sich ein kleiner, kiefernbestandener Camping-Bereich, der *Campamento de Tamadaba*, dessen Spielplatz und Pool gern von Jugendgruppen genutzt wird. Viele der Gruppen üben sich auf den steilen Abhängen im Westen im Bergsteigen.

Oben: *Moderne Höhlenwohnungen können eine komfortable Residenz sein*
Unten: *Unbedingt empfehlenswert ist ein Spaziergang unter den herrlichen Baumriesen von Pinar de Tamadaba*

Es grünt so grün … – Gran Canarias Botanik

Einst bedeckten **Kiefern** und **Lorbeerwälder** die vulkanische Landschaft. Doch die spanischen Eroberer brauchten Holz für Häuser und Schiffe, Land für Weiden und Zuckerrohrplantagen. Der Raubbau ist der Insel bis heute anzusehen. Nur im Norden findet man heutzutage wieder mehr Kiefernwälder, am **Pinos de Gáldar** [Nr. 45] beispielsweise. Vom einstigen Lorbeerwald blieb nur noch das Wäldchen **Los Tilos** im Barranco del Laurel [Nr. 11] bei Moya [Nr. 10].

Trotzdem ist Gran Canaria für Botaniker ein Paradies. Insgesamt gibt es auf den Kanaren 2200 heimische und 800 eingeführte Pflanzenarten. 670 der heimischen Arten sind sog. Endemiten, d. h. sie gibt es nur auf den Kanaren, 100 davon ausschließlich auf Gran Canaria.

Auf einer Insel mit wenig Regen haben **Dickblattgewächse** (*Crassulaceae*), die Wasser in Blättern, Ästen und Wurzeln speichern, die besten Überlebenschancen. Zu den 90 Arten gehört die Rosette des Aeoniums, zu dem auch der in Miteleuropa beheimatete Haus- oder Dachwurz zählt, die Greenovia, das Aichryson und das Monanthes.

Mit gespeicherter Flüssigkeit retten sich auch **Wolfsmilchgewächse** (*Euphorbien*) über den trockenen Sommer. Auf allen Hügeln Gran Canarias wachsen die runden Kugelbüsche der Tabaiba. Im Frühjahr grünen sie, im Sommer werfen sie, als Schutz vor Verdunstung, die Blätter ab. Zu dieser Familie gehört auch die Kanaren-Wolfsmilch (*Euphorbia canariensis*), die wegen ihrer Form Kandelaber-Euphorbie genannt wird.

Der Tabaiba ähnelt die **Verode**, ein Sukkulentenbusch. Sie hatte lange keinen deutschen Namen und wurde schließlich Oleanderblättrige Kleinie (*Senecio Kleinia*) getauft.

Eine auffallende Erscheinung im Landschaftsbild Gran Canarias ist weiterhin der endemische **Drachenbaum** (*Dracaena draco*). Er ist genau genommen kein Baum, sondern ein Agavengewächs mit hohlem Stamm. In einigen Tälern der Insel wächst neben der Kanarischen Kiefer (*Pinus canariensis*) auch die schlanke **Kanarische Palme** (*Phoenix canariensis*).

Echter Feigenkaktus

Kanaren-Gänsedistel

Wenn im Frühjahr Hänge und Wiesen mit Kronen-Wucherblumen, Sauerklee und der Eibischblättrigen Winde bedeckt sind, beginnt für Spezialisten und Hobby-Botaniker die Fotojagd auf **Orchideen**: Kanaren- und Zungenstendel, Keuschorchis sowie Kanaren-Knabenkraut sind zu finden, aber auch Ragwurze, die als ›Sexualtäuscher‹ bezeichnet werden, da ihre Blüten wie Insektenweibchen aussehen und so die Männchen zur Bestäubung in die Falle locken.

Groß ist auch die Familie der **Gänsedistel**, oft mit unserem Löwenzahn verwechselt, die auf den Kanaren *Sonchus* genannt wird. Bis zu einem Meter schießt die leuchtend gelbe Zungenblüte der Baum-Gänsedistel aus felsigen Hängen, mehr als menschenhoch wölbt sich die Kanaren-Gänsedistel baumgleich in den blauen Himmel.

49 Valleseco

Das grüne Städtchen ist das Zentrum des fruchtbaren, gleichnamigen Tals.

Vom Cruz de Tejeda [Nr. 44] nach Valleseco durchfährt man eine bizarre Felslandschaft. Wie dicke Elefantenfüße sehen die ausgewaschenen Felsen aus, die sich rechts der Straße häufen. Links dagegen sind die Basaltfelsen dunkel und steil, werden bald abgelöst von Lavaschlacke und roter Erde. Die Straße wird von Kastanienbäumen gesäumt, deren dichtes Blätterwerk beinahe einen grünen Tunnel bildet.

Dann ist plötzlich das weite Tal von Valleseco in seiner vollen Schönheit zu sehen. Gleich eingangs liegt das Dörfchen **Lanzarote** mitten in Maisfeldern und Obstgärten. Der Name Valleseco, ›trockenes Tal‹, soll lediglich sagen, dass man hier kein Wasser fließen sieht. Der Boden ist relativ durchlässig und das befruchtende Nass versickert darin leicht. Dennoch irritiert es immer wieder, durch ein so blühendes, grünes Tal zu fahren, das ausgerechnet einen so ›trockenen‹ Namen trägt.

Übergangslos ist **Valleseco** erreicht, ein hübsches, gepflegtes Städtchen mit schönen ein- und zweistöckigen Häusern. Der 978 m hoch gelegene, stark landwirtschaftlich ausgerichtete Ort beansprucht viel Fläche und wirkt sehr zersiedelt. Es gibt zwar im Zentrum eine neue Fußgängerzone, doch von den insgesamt 4400 Einwohnern leben nur etwas mehr als 800 im Kern rund um die Pfarrkirche **San Vicente Ferrer**. Das Gotteshaus mit dem auffälligen weißen Dach wurde 1846 eingeweiht. Die Bewohner von Valleseco kultivieren ausgedehnte Gemüsegärten, bauen auch Kartoffeln und Obst an. Vor allem Äpfel gedeihen prächtig, weshalb am zweiten Sonntag im Oktober das **Apfelfest** gefeiert wird. Auch die Viehwirtschaft floriert, Ziegenmilch und Käse aus Valleseco stehen hoch im Kurs. Den relativen Wohlstand erkennt man nicht zuletzt an den vielen modernen Häusern. Im kanarischen Stil mit Holzbalkonen und roten Ziegeldächern gebaut, sind sie eine Augenweide!

Besonders stolz sind die Leute von Valleseco auf ihre Städtepartnerschaft mit Cuidad de Maturín in Venezuela. Sie wurde 1982 zu Ehren von José Gregorio und José Judas Tadeo Managas eingerichtet. Die beiden aus Valleseco stammenden Brüder waren Mitte des 19. Jh. in Venezuela zu großem Ansehen gelangt. Dort setzten sie sich für die Abschaffung der Sklaverei ein.

Schlicht und fast streng liegt San Vincente Ferrer im Zentrum von Valleseco

Praktische Hinweise

Restaurant

Balcón de Zamora, Crta. Valleseco – Teror 13, nördlich von Valleseco, Tel. 928 61 80 42. Großes Terrassen-Restaurant mit Blick ins weite Tal von Valleseco und bis ans Meer. Beliebtes Wochenend-Ausflugsziel mit guter und preiswerter Küche (tgl. 8–22 Uhr).

Tanken nicht vergessen!

Angesichts all der landschaftlichen Schönheiten haben schon so manche Inselerkunder das Tanken vergessen. Das kann im Zentrum Gran Canarias fatal sein, denn man braucht für die gefahrenen, kurvenreichen Kilometer mehr Sprit als erwartet. Zwar sind Tankstellen nicht mehr so rar wie früher, aber im Inselinneren kann es dennoch eng werden (z. B. wegen der Ruhe- und Feiertage).

Die Ostküste – Meeresstrand und Hinterland

Der südliche Teil der Ostküste zwischen **Punta del Tarajalillo** und **Pozo Izquierdo** gilt wegen der günstigen Winde als **Surferparadies**. Doch auch zum Baden laden zahllose *Playas* ein, wie etwa der beliebte Strand von **Arinaga** mit seinem kristallklaren Wasser.

Alte **Fischerdörfer**, darunter auch das pittoreske **Castillo del Romeral**, wurden durch den Tourismus zu neuem Leben erweckt. Den **Internationalen Flughafen** platzierten die Planer ziemlich genau in der Mitte zwischen Las Palmas de Gran Canaria im Norden und den Touristenzentren der Costa Canaria im Süden. Die *Schlafstädte* der meist aus Andalusien eingewanderten Arbeitnehmer im Fremdenverkehr befinden sich parallel zur Küste etwas landeinwärts. Sie reichen von **San Fernando** direkt oberhalb von Playa del Inglés bis hinauf nach Cruze de Arinaga. Besonders wichtig sind dazwischen El Doctoral und Vecindario, die zu guten *Einkaufsstädten* gewachsen sind, mit aller Infrastruktur für ihre Bewohner.

Wahre Highlights der Ostküste bilden die schönen alten **Städte**, erbaut in piratensicherer Entfernung von der Küste, jeweils 5 bis 6 km landeinwärts: **Agüimes**, das nahe **Ingenio** sowie **Telde**, inzwischen Gran Canarias zweitgrößte Stadt. Ihnen gemeinsam ist ein landschaftlich sehr anziehendes Hinterland mit tiefen *Barrancos*, die sich bis zum Cruz del Saucillo (1800 m) hochziehen. Aus **Valsequillo**, zwischen dem Zentrum und der Ostküste in einem schönen, mandelbaumgeschmückten Tal gelegen, stammt ein guter Teil der grancanarischen Käseproduktion.

50 Castillo del Romeral

Das hübsch hergerichtete Fischerdorf avancierte zum kulinarischen Pilgerziel von Fischfreunden.

Etwa 3 km östlich von San Agustín [s. S. 79] beginnt das **Surferparadies** Gran Canarias. Es erstreckt sich auf rund 12 km Länge zwischen der **Punta del Tarajalillo** und **Bahía de Pozo Izquierdo**. Überall stehen zwischen Straße und Küste Hotel- und Apartmentanlagen. So haben es die Surfer mit ihren Boards nicht weit zu den mächtig anbrandenden Wellen.

Schon 8 km hinter San Agustín liegt rechts der alten Landstraße eine schöne, nicht zu übersehende **Hacienda** mit kleiner Kapelle (nicht öffentl. zugängl.). Das ist der Stammsitz der reichen Grafenfamilie De la Vega Grande de Guadalupe, auf deren Ländereien die gigantischen Touristenansiedlungen der Costa Canaria entstanden.

Vor der Hacienda zweigt eine 2 km lange Stichstraße nach rechts zum schlichten Fischerort **Castillo del Romeral** ab. Hier hat die Fischereigenossenschaft das Sagen. Die *Cofradía de Pescadores* soll noch an die 70 Mitglieder haben, auch wenn nur noch die wenigsten hauptberufliche Fischer sind. Gleichwohl ist das Dorf bis heute ein kulinarischer Geheimtipp unter Fischliebhabern. Die wenigen Restaurants bieten hervorragende Speisen zu günstigen Preisen.

In Castillo del Romeral wurde 1996 eine groß angelegte Verschönerungsaktion durchgeführt, in deren Rahmen die gesamte Wasserfront der alten Fischerhäuser eine Art potemkinsche Fassade in aufgelockerter Bauweise und freundlichen Farben vorgesetzt bekam. Zwischen den alten Häusern und dieser Fassadenfront entstanden Innenhöfe, die z. B. als Wä-

◁ *Der Osten ist eine Region der stillen Schönheiten, seien es die Mandelblüte im Tal von Valsequillo oder die malerischen Gassen des Barrio San Francisco in Telde*

Gemischte Fischplatte zählt zu den kulinarischen Meeresfreuden im Südosten

scheplatz dienen, als Lager für Fischerboote oder einem Restaurant als Terrasse.

Außerdem wurden zwischen dieser neuen Front und dem Meer zwei *Meerwasserschwimmbecken* eingelassen. Mit der umliegenden Grünanlage entstand so ein Freizeitgelände, das Einheimischen wie Fremden viel Spaß bereitet. Wer es bodenständiger mag, kommt Ende September/Anfang Oktober zum traditionellen *Fischerfest* nach Castillo del Romeral, einem fröhlichen Event rund um Essen und Trinken.

i Praktische Hinweise

Restaurants

TOP TIPP **Bar Cofradía de Pescadores**, Av. de la Playa s/n, Castillo del Romeral, Tel. 928 72 81 99. Nettes Lokal der Fischergenossenschaft gegenüber dem Fischerkai, mit garantiert frischen Fischen zu normalen Preisen.

Marina, nahe dem Fischerkai, Castillo del Romeral, Tel. 928 72 82 95. Fangfrischer Fisch wird in diesem freundlichen Restaurant bodenständig und gut zubereitet. Mit Innenhof-Terrasse zur Freizeitanlage.

51 Arinaga

Besucher schätzen neben dem kristallklaren Wasser die gute Luft und das feine Essen.

Vom *Cruce de Arinaga*, 8 km südlich des Flughafens, führt eine 4 km lange Autobahn meerwärts ins lebhafte **Arinaga**. Das einstige Fischerdorf, einst Geheimtipp für Feinschmecker mit zum Teil recht teuren Restaurants, hat sich in den letzten Jahren grundlegend verändert. Noch immer gibt es die guten Fischlokale, doch bringt kein ortsansässiger Fischer mehr den Fang an Land. Denn Arinaga hat sich zu einem blühenden **Industriezentrum** entwickelt. Vor allem Baumaterialien und -zubehör werden hergestellt oder zusammengesetzt. Der neue **Freihafen** soll, von Las Palmas angemietet, die großen Lastschiffe abfertigen. Der jahrlange Protest der Naturschützer hat also nichts genützt, der Fortschritt hat gesiegt – doch immerhin viele Arbeitsplätze geschaffen. Dennoch: An den Wochenenden ist am beliebten Kiesstrand unterhalb der langen Meerespromenade kaum ein Plätzchen frei. Kein Wunder, denn das Wasser ist herrlich klar.

Das Meerwasser bei Arinaga gilt als besonders salzhaltig. Deshalb wurden hier

Ruhe vor dem Sturm – im Sommer tummeln sich Badegäste am Kiesstrand von Arinaga

Die elegante Kuppel von San Sebastián beherrscht das Stadtbild von Agüimes

auch **Salinen** angelegt. Außerdem schätzen die Grancanarios Arinaga als ›Heilbad‹ zur Linderung von Hautproblemen. Weniger erwünscht ist das Salz bei einer Anlage am Dorfrand. Dort ragen die markanten Türme einer **Meerwasserentsalzungsanlage** empor, die als die erste auf Gran Canaria mit Wind- und Sonnenenergie betrieben wird.

Ebenfalls mit erneuerbarer Energie arbeitet man in den Gewerbegebieten, den *Poligonos Industriales*, im Südosten der Insel zwischen Las Palmas und Playa del Inglés: Fast jede Industriehalle besitzt ein eigenes Windrad zur Stromerzeugung.

Abstecher

Vom Cruce de Arinaga sind eine nur 4 km entfernte **Krokodilfarm** und der geheimnisvolle **Lomo de los Letreros** [Nr. 37] in wenigen Minuten erreichbar.

i Praktische Hinweise

Restaurants

El Rincón de Arinaga, Alcála Galiano 2, Puerto de Aringa, Tel. 928 18 89 56. Einfacheres Terrassenrestaurant an der alten Hafenmole.

La Farola, Alcalá Galiano 3, Puerto de Arinaga, Tel. 928 18 04 10. Kühle Fliesen in Blau und Weiß passen gut als Dekoration für das (teure) Fischrestaurant. Eigene Bassins mit Fischen, Schalen- und Krustentieren.

52 Agüimes

Die hübsche Pfarrkirche des weitläufigen Städtchens gilt als kanarisches Musterbeispiel eines klassizistischen Sakralbaus.

Bis ins 19. Jh. war Agüimes Bischofssitz. Das war schon eine besonders prächtige Kirche wert, an der 1796–1940 gebaut wurde. 1981 erhielt diese schöne Pfarrkirche **San Sebastián** (Di, Do, Sa, So 9.30–12.30 und 17–19 Uhr) das Prädikat ›historisch-kulturelles Denkmal Spaniens‹. Besonders hübsch ist schon die Lage der dreischiffigen Basilika mitten im historischen Kern des ziemlich weitläufigen Ortes (rund 25 500 Einw.). Ihre klassizistische Fassade, die beiden Türme und der Tambour wurden in dem dunklen Stein errichtet, der früher in der Gegend um Agüimes abgebaut wurde. Je nach Einfall des Sonnenlichtes zeigt er verschiedenste grün-braun-graue Schattierungen und steht im Kontrast mit der leuchtend weißen **Kuppel** und den malerischen weißen Kubenhäuser am Hang. Kräftige, dunkle Lisenen sorgen für eine klare Gliederung des weiß getünchten Baukörpers.

TOP TIPP

Gran Canarias berühmter Bildhauer Luján Pérez schuf drei der **Heiligenfiguren** im Inneren: die Virgen de la Esperanza, San Vicente und Santo Domingo.

Das Zentrum rings um den Kirchplatz **Plaza del Rosario** wurde wunderschön saniert, fast alle Gassen gepflastert und die Plätze mit Bronzefiguren geschmückt, die einen Bezug zur Stadtgeschichte haben. Ende Januar/Anfang Februar findet hier übrigens das berühmte *Festival internacional de narración oral* (Festival der Erzählkunst) statt.

Die Gassen der Altstadt sind eng, die Häuser höchstens zweistöckig. Die vielen Einbahnstraßen erschweren es, mit dem Auto bis zur Pfarrkirche vorzudringen. Tatsächlich finden nur wenige Besucher in die Altstadt, obwohl Agüimes zweimal wegen seines gepflegten Ambientes von der Inselregierung ausgezeichnet wurde.

Übrigens ist Agüimes ein guter Ausgangpunkt zu einem der beliebtesten Ausflugsziele der Insel, dem *Barranco de Guayadeque*.

Top Tipp Barranco de Guayadeque

In dem schönen, fast immer grünen Tal fanden sich viele altkanarische Grabstätten. So unwegsam sind die Felshänge, dass sich früher kaum jemand dorthin verirrte. Das schützte die archäologischen Schätze vor Grabräubern. In den **Höhlen** des Tals haben sich heute Menschen wohnlich eingerichtet. Solar-

Keiner der Kontrahenten will nachgeben und sich aufs Kreuz legen lassen

Lucha Canaria, der traditionelle Volkssport

Mit bloßem Oberkörper trat vor etwa 500 Jahren der **Guanchen-Luchador** Maguer vor den spanischen König Juan II. und forderte einen Gegner, um seine Kraft und sein Geschick zu beweisen. Doch niemand auf dem Festland beherrschte bis dahin den **kanarischen Ringkampf**. Dieser zeichnet sich durch seinen besonderen Wettkampfethos aus, denn kein Griff darf dem Gegner Schmerzen bereiten. Die **Lucha Canaria** konnte auf den kanarischen Inseln ihre Tradition auch nach der spanischen Eroberung lebendig erhalten. Heute verfügt fast jedes Dorf über einen **Terrero**, wie die mit Sand gefüllte Arena in den Wettkampfhallen genannt wird. Die Ergebnisse der Wettkämpfe werden in den Montagszeitungen veröffentlicht und am Ende der Saison überträgt das Fernsehen die Ausscheidungskämpfe zwischen den Inseln um den Inselmeister.

Lange Zeit wurde der Ringkampf als folkloristisches Spektakel inszeniert, sportlich wurde es erst, als 1948 die **Federación de Lucha Canaria** gegründet wurde. Heute gibt es 120 Ringplätze auf den Inseln und rund 4000 Luchadores, seit einigen Jahren auch acht weibliche ›Mann‹schaften.

Bekleidet sind die Luchadores mit Hemden und bis an die Oberschenkel hochgekrempelten Hosen. Am gekrempelten Wulst fasst der Gegner mit der linken Hand zu. Vor dem Startpfiff des Schiedsrichters stehen sich die Kämpfer in gebückter Haltung gegenüber, die rechte Hand berührt den Boden.

Grundregel der Lucha ist, **keine Aggression** aufkommen zu lassen. Es gibt weder Schläge noch Tritte, auch der ›Schwitzkasten‹ ist verboten. Sonst dürfen die Luchadores drücken, zerren, ziehen, schleudern und vor allem heben. Denn es gilt, mit Kraft und Tricks den Körper des anderen aus dem Gleichgewicht zu bringen. Wer den Sandboden zuerst mit einem anderen Körperteil als den Fußsohlen berührt, hat verloren. Stets hilft der Sieger dem Besiegten wieder hoch und verabschiedet sich von ihm mit einem freundlichen Klaps.

Die Ringkämpfe finden meistens am Wochenende statt, bei Engpässen in der Spielsaison auch schon donnerstags oder freitags. Wer sich für die Lucha Canaria interessiert, fragt am besten in der nächsten Dorfbar nach dem Spielplan oder nach der Adresse des Terrero, wo der Spielplan aushängt.

Sehr beliebt ist das gemütliche Halbdunkel der Höhlenbar im Barranco de Guayadeque

zellen liefern umweltfreundlichen Strom für die Laternen. Die Höhlenwohnungen auf der linken Talseite werden inzwischen gerne von Touristen besucht. Mitten im Höhlenkomplex liegt hier direkt an der Straße die kleine **Höhlenkapelle Beñesmen**. Sie ist an den Wochenenden und zu kirchlichen Feiertagen geöffnet, vor allem zur großen *Fiesta* in der vierten Augustwoche.

An Restaurants mangelt es im *Barranco* nicht – wenngleich an Wochenenden vielleicht an freien Tischen darin. In diesem Fall kann man es den Einheimischen nachmachen, die den ganzen *Barranco* entlang ihre Wagen parken und ihre Picknickkörbe auspacken. Besonders schön und üppig bewachsen ist das **Plateau** oberhalb der Südwestflanke des Tales. Der Aufstieg zu Fuß zieht sich allerdings und Wanderer verschätzen sich leicht in der Zeit. Für eine Rundwanderung muss man schon mit 2 Stunden rechnen.

Am Taleingang zeigt das archäologisch-naturwissenschaftliche **Centro de Interpretación de Guayadeque** (Di–Sa 9–17, So 10–18 Uhr) u. a. altkanarische Fundstücke aus dem *Barranco*. Hier wird auch die Entwicklungsgeschichte der Schlucht dokumentiert: von ihrer Entstehung vor etwa 14 Mio. Jahren über ihre Besiedlung durch die Guanchen bis hin zum heutigen Tag. Übrigens ist das Wichtigste auch in Deutsch beschriftet! Man kann in diesem angenehmen und interessanten, in den Barranco-Felsen hinein gebauten Museum leicht mehrere Stunden verbringen.

i Praktische Hinweise

Information

Información Turística, Plaza de San Antón s/n, Agüimes, Tel. 928 12 41 83, turismo@aguimes.net

Hotels

TOP TIPP **Hotel Rural Casa de los Camellos**, Calle Progreso 12, Agüimes, Tel. 928 78 50 03, hrcamellos@hecansa.com. Von der Inselregierung als Hotelfachschule geführtes, zauberhaftes kleines Haus (12 Zimmer) in einer früheren Karawanserei mit hervorragendem Restaurant.

Villa de Agüimes, Calle Sol 12, Agüimes, Tel. 928 78 50 03. Mitten in der Altstadt, im einstigen Rathaus beheimatetes Hotel. Die 7 m hohen Räume mit Holzdecken sind stilvoll altspanisch eingerichtet.

Restaurants

El Centro, Barranco de Guayadeque, Tel. 928 17 21 45. Kanarische Küche im Restaurant nahe der Höhlenkapelle.

Tagoror, Montaña Las Tierras 21, Barranco de Guayadeque, Tel. 928 17 20 13. Sehr voll kann es in dem typischen kanarischen Grottenrestaurant am hinteren *Barranco*-Rand werden, wenn für Touristen Folklore geboten wird. Spezialität: Spanferkel.

Vega, Barranco de Guayadeque (oberhalb des Restaurants Tagoror). In den Felsen geschlagenes uriges Restaurant.

Als unverwechselbarer Wegweiser dient die weiße Kuppel der Pfarrkirche von Ingenio

Terrasse mit herrlichen Ausblicken in den *Barranco* und zwischen seinen Rändern hindurch bis ans Meer. Achtung: keine angeschriebenen Preise.

53 Ingenio

Die fleißigen Frauen von Ingenio sind weithin berühmt für ihre prachtvollen Hohlsaumstickereien.

Ingenio bedeutet auf spanisch ›Zuckermühle‹, und tatsächlich stand hier im 16. Jh. die größte Zuckerfabrik der Insel. Erst 1819 wurde Ingenio als eigenständige Gemeinde unabhängig vom jenseits des *Barranco de Guayadeque* gelegenen Agüimes. Heute allerdings hat es die kleinere Schwesterstadt überrundet.

Immerhin gut 24 000 Einwohner leben in Ingenio und seinen ausgedehnten Vororten, vor allem dem dicht bewohnten **Carrizal** (3 km Richtung Küste). Die meisten arbeiten auf dem Flughafen oder in den Tourismuszentren des Südens. Die Landwirtschaft hat nur noch geringe Bedeutung, auch wenn nach wie vor Paprika und Tomaten angebaut werden.

Von Agüimes aus erreicht man das in 339 m Höhe gelegene Ingenio direkt über die GC-550.

Den Weg in die historische Altstadt weisen schon von weitem die Türme der **Pfarrkirche**. Sie wurde erst 1907 erbaut und beherbergt als größte Kostbarkeit das Bildnis der **›Virgen de la Candelaria‹** (16. Jh.) und deren wertvollen Kirchenschatz. Der Kirchplatz mit seinen geduckten kleinen Häusern bietet einen hübschen Anblick.

Wirklichen Ruhm aber verdankt Ingenio den **Hohlsaumstickereien**, die die Frauen des Ortes unter Anleitung einiger besonders rühriger Gemeindemitglieder fertigen.

Ihr Aushängeschild ist gleichzeitig das Ziel der meisten Besucher: das **Museo de Piedra** (Mo–Sa 9–18.30 Uhr; Tel. 928 78 11 24), das im nördlichen Vorort *Mejias* direkt an der GC-100 liegt. Das Museum verdankt seinen Namen seiner Stein- und Mineraliensammlung. Daneben werden aber auch Kunsthandwerk, wie eben jene Hohlsaumstickereien der Frauen von Ingenio, Keramik und Korbwaren, sowie landwirtschaftliche Werkzeuge gezeigt.

Als besonderes Schmuckstück des Museums gilt die frühere **Kapelle** von Doña Lucia Espino und Don Francisco Gil Mendoza. Sie ist vom Innenhof aus zugänglich und beherbergt die Statue der **›Nuestra Señora de los Volcanes‹** aus dem 19. Jh.: eine in schweres Brokat gekleidete Maria. Die Kapelle verwandelte sich in eine Art *Sakralmuseum*, vollgestopft mit Votivgaben für ›Unsere liebe Frau‹. Zu Weihnachten wird eine Krippe aufgebaut.

Angegliedert an den eindrucksvollen, verschachtelten Museumskomplex ist ein großer kunsthandwerklicher Laden, in dem Hohlsaumstickereien und Webarbeiten

Keinesfalls darf bei einer solchen Arbeit der Geduldsfaden reißen

angeboten werden. Besucher können bei der Herstellung zusehen. Der gut sortierte Laden führt außerdem Bücher über Gran Canaria und Landkarten der Insel.

54 Cuatro Puertas

TOP TIPP *Heilige Stätte der Altkanarier und Höhlenlabyrinth in imposanter Lage.*

Genau auf halber Strecke zwischen Ingenio [Nr. 53] und Telde [Nr. 55], also nach 7 km, kurz vor dem Flughafen, ist die Abfahrt zum altkanarischen Heiligtum von Cuatro Puertas ausgeschildert.

Der Weg zum Berg **Huimaga** ist kurz. Auf halber Höhe führen vier Öffnungen in eine große Höhle – daher der spanische Name ›vier Türen‹. Von Menschenhand erweitert, diente sie den Altkanariern vermutlich als Kult- und Versammlungsort.

Über der Höhle befindet sich ein Trankopferaltar mit charakteristischen Felsritzungen und -rinnen, ähnlich dem vom Roque Bentayga [Nr. 42] im Inselinneren. Wie dieser gilt auch der ganze

Fächer für jede Gelegenheit gibt es im Museo de Piedra zu bestaunen und zu kaufen

Guanchen-Mysterium in Cuatro Puertas

Huimaga als *Almogaren*, als heiliger Berg. Auf der Südseite findet sich ein Höhlensystem, das die Ureinwohner wohl als Zufluchtsstätte nutzten.

Das gesamte Areal von Cuatro Puertas ist eingezäunt, jedoch für Besucher in der Regel jederzeit frei zugänglich.

55 Telde

Ihrer malerischen Altstadt kann sich die zweitgrößte Stadt Gran Canarias mit Stolz rühmen.

Teldes Altstadt zählt zu den schönsten Gran Canarias. Zwar bereitet das Vordringen per Wagen bis zum *Centro Histórico Artistico* – den beiden Stadtteilen San Juan und San Francisco im Norden – etwas Mühe, aber es lohnt sich, die dank zahlreicher Schulen ›junge‹ Stadt zu erkunden!

Vier alte, schön zurückgestutzte Indische Lorbeerbäume schmücken die hübsche **Plaza San Juan**, den Mittelpunkt der Stadt. Sie ist umgeben von attraktiven, zweistöckigen Häusern im traditionellen kanarischen Stil mit Holzbalkonen aus *Tea* und Innenhöfen. Auch das alte Rathaus verdient einen Blick. Das Schmuckstück des Platzes ist jedoch die namengebende Pfarrkirche **San Juan Bautista** (mittags geschl.) die ab 1519 errichtet und im 18. Jh. fertig gestellt wurde. Aus der Gründungszeit stammt das hübsche **Hauptportal** mit seinem zarten Rankenwerk in Stein. Dass die beiden klobigen Türme mit ihren oktogonalen Aufsätzen neueren Datums sind, sieht man ihnen leider an.

TOP TIPP

Als eine der ältesten Kirchen der Insel bietet San Juan Bautista im Chorbereich ein schönes Beispiel für den aus Andalusien übernommenen *Mudéjar-Stil*. Die Hauptchorkapelle prunkt mit einem prachtvollen barocken **Altaraufsatz**, dessen zart-plastische Skulpturen ganz vergoldet sind. Das wahre Prachtstück ist der flämisch-gotische Mittelteil des Aufsatzes aus dem 16. Jh. Er besteht aus einer dreiteiligen Altarwand, die sechs Szenen aus dem Leben Mariens wiedergibt: links oben ›Mariä Heimsuchung‹, darunter ›Hochzeit mit Joseph‹, in der Mitte oben ›Geburt Christi und Anbetung der Hirten‹, darunter ›Verkündigung‹, rechts oben ›Beschneidung Christi im Tempel‹, darunter ›Anbetung der Heiligen Drei Könige‹. Besonders hübsch ist die ›Hochzeit‹: Die Damen tragen einen typisch flämischen Kopfschmuck. Herrlich ist der Faltenwurf aller Kleider, geradezu raffiniert, wie man die grüne Rückseite der Mäntel sieht. Auch das zarte Maßwerk des Altaraufsatzes erfreut den Betrachter.

Stifter des Retabels war *Cristobal Garcia del Castillo*, der damals reichste Mann der Kanaren. Telde diente ihm als ›Sprungbrett‹, denn im 16. Jh. war der Ort das bedeutendste landwirtschaftliche Zentrum von Gran Canaria. Cristobals Sohn wurde zum Grafen (*Conde*) erhoben. Seine Nachkommen sind die Grafen de la Vega Grande, denen einst mehr als 70 % von Telde gehörten. Außerdem machte der Tourismusboom die Ländereien der Familie im Süden zu einer Goldgrube.

San Juan Bautista kann mit einer weiteren Besonderheit aufwarten: das monumentale **Kruzifix** (16. Jh.) über dem Hochaltar (s. o.). Nur Kopf, Hände und Füße Christi sind aus Holz, der restliche Körper wurde von mexikanischen Tarasco-Indianern aus einer Art Maschee aus *Maiskolbenmark* modelliert. Der Gekreuzigte ist 1,85 m groß und dennoch nur 7 kg schwer! Der glänzende Lack aus dem Saft eines besonderen mittelamerikanischen Samens ist dafür verantwortlich, dass die Leute von Telde behaupten, das Gesicht ihres Christus ändere ständig seine Farbe.

Rechts vom Eingang ist die **Taufkapelle**, die der zeitgenössische Maler Jesús Arencibia 1948 mit dramatischen Fresken schmückte (›Sündenfall‹, ›Kreuzabnahme‹, ›Himmelfahrt‹). Außerdem weist die Kirche einige Kunstwerke des berühmten Bildhauers von Luján Pérez (1756–1815) auf.

Wenn man von der Kirche aus links in die Calle León y Castillo geht, erreicht man mit Nr. 43–45 die **Casa Museo de León y Castillo** (Mo–Fr 8–20, Sa 10–20, So 10–13 Uhr). Das Museum ist das Geburtshaus und der Todesort des Poeten Montiano Placeres Toron (1885–1938). Doch gewidmet ist es dem Politiker Fernando de León y Castillo, der 1842 hier zur Welt kam. Der hübsche Stadtpalast ist aus zwei kleineren Häusern zusammengesetzt und hat daher auch zwei Innenhöfe. 12 000 Dokumente – inzwischen mikroverfilmt und allen Universitäten der Welt zugänglich – bilden im Museum den Grundstock eines bedeutenden Archivs zur spanischen Geschichte des 19. Jh. Neben Briefen, Dokumenten und Möbeln Fernando de León y Castillos ist auch seine Gemäldesammlung u. a. mit Werken des spanischen Post-Impressionisten Raimundo de Madrazo (1841–1920) zu sehen.

Top Tipp

Geht man von der Kirche geradeaus in die schmale Gasse Inés Chemida, kommt man, vorbei an einer herrlich restaurierten historischen Wasserleitung mit Blick in einen gepflegten großen Obstgarten und über den Barranco hinweg, in das überaus malerische **Barrio San Francisco**. Das gesamte Viertel wurde in den letzten Jahren umgestaltet und auf Hochglanz gebracht. Viele der einstigen Treppengassen sind heute leicht begehbare, gepflasterte Sträßchen. Außerdem hat die Fußgängerzone eine Erweiterung erfahren.

Stimmungsvoll ist das altertümliche Viertel San Francisco auf jeden Fall geblieben. Bereits kurz nach der spanischen Eroberung lebten hier **Künstler** und andere »freie, aber arme« Menschen. Der heutige Besucher ist entzückt vom Ambiente des *Barrio*: Treppen und schmale Gassen, kleine Plätze, Häuser im *Mudéjar*-Stil, weiß getüncht mit roten Ziegeldächern, meist einstöckig, mit grünen Fenster- und Türrahmen.

Voller Hingabe ist das Hochzeitsdetail im Altaraufsatz von Telde gestaltet

Am Ende der Calle San Francisco blickt man auf die Südseite der kleinen Klosterkirche **San Francisco** mit ihrer schlichten klassizistischen Fassade. Die zweischiffige Kirche, ab 1612 über einer Einsiedelei für Santa María de la Antigua aus dem späten 15. Jh. errichtet, ist schon lange unzugänglich. Seit 1836, als die Franziskaner abzogen, ist dieses einstige religiöse Zentrum des Viertels verwaist, nur während der *Semana Santa*, der Karwoche, wird es der Öffentlichkeit zugänglich gemacht. Sonst dürfen hier die Musiker einer lokalen Gruppe üben.

Hinter der Plaza San Francisco öffnet sich die Calle Porteria mit ihren weiß ummauerten Gärten, aus denen saftig-grüne Bananenblätter herausragen. Biegt man die Calle Carreñas links ab, findet man

Malerische Winkel bestimmen das Bild des Barrio San Francisco

Fernando de León y Castillo

Am 30. November 1842 wurde Fernando de León y Castillo in Telde geboren. In Las Palmas de Gran Canaria besuchte er das Collegio San Agustín, wo er mit dem späteren Dichter Pérez Galdós die Schulbank drückte. León y Castillo ging auf das Festland, studierte in Madrid Geschichte des 17. Jh. und Juristerei. Mit 24 Jahren war er Rechtsanwalt und schrieb als Redakteur und später als Chefredakteur für die linksliberale ›La Revista d'España‹.

Bald wurde er in Granada zum Gouverneur gewählt und machte als Minister in Madrid eine steile **politische Karriere**. Immer kümmerte er sich fürsorglich um die Belange seiner Heimat, der Kanarischen Inseln. Gemeinsam mit der Liberalen Partei, dem **Partido Liberal**, trat er den Unabhängigkeitsbestrebungen der Kanaren entgegen und setzte sich für deren Verbleib im spanischen Königreich ein. Als spanischer Botschafter in Paris organisierte Fernando de León y Castillo während des Ersten Weltkrieges den Gefangenenaustausch zwischen Deutschland und Frankreich.

Der engagierte Politiker starb 1918. Als einziger Nicht-Geistlicher wurde Fernando de León y Castillo in der Kathedrale von Las Palmas de Gran Canaria [Nr. 1] bestattet. Dorthin hatte man seine sterblichen Überreste zehn Jahre nach seinem Tod im französischen Biarritz überführt.

Unter den vielen Erinnerungsstücken in seinem Geburtshaus in Telde, der **Casa Museo**, befindet sich auch der goldene Schlüssel der Stadt Paris.

Der Bruder des weitsichtigen Politikers, **Juan de León y Castillo**, wurde als Ingenieur, Hafen- und Straßenbauer berühmt. Er führte die Arbeiten aus, die sein Bruder in Madrid für die Kanarischen Inseln durchsetzte: etwa den Hafen von Las Palmas, Puerto de la Luz [s. S. 35], oder den besonders schönen Leuchtturm von Maspalomas [s. S. 78] sowie die meisten Häfen der Kanaren.

Politiker und Menschenfreund

bald wieder ins Zentrum und zur Pfarrkirche San Juan Bautista zurück.

Teldes Bürger (96 000) lieben offensichtlich großzügige Straßen und Verkehrsinseln. Mit vielen Blumen und Tonkrügen dekoriert sind die Einfallstraßen, auch der Kreisverkehr auf dem Weg in den Westen ins Tal von Valsequillo [Nr. 56]. Von dort aus steigt die schmale, eukalyptusgesäumte, kurvige C-814 allmählich ins Hinterland an.

i Praktische Hinweise

Information

Información Turística, Calle León y Castillo 2 (schräg gegenüber der Hauptkirche), Telde, Tel. 928 13 90 55

56 Valsequillo

Das landwirtschaftliche Zentrum von Valsequillo zieht sich weit in den Barranco de San Miguel hinein. Ein Tal voller Mandelbäume, Obst- und Gemüsegärten.

Man sieht es dem Straßendorf in 574 m Höhe, das mit seinen Anhängseln etwa 8400 Einwohner zählt, heute nicht mehr an, dass es zur Zeit der Altkanarier zum Königreich von Telde gehörte. Wegen seines Wasserreichtums nannten die Altkanarier das Tal *Tenten-Iguada*, ›reich an Wasser‹. Der hübsche Nachbarort 5 km weiter westlich trägt noch heute diesen Namen. Die weit auseinander gezogene Streusiedlung Valsequillo bietet architektonisch keine besonderen Reize. Sehr hübsch ist aber die Lage in dem weiten, blühenden **Tal**. Eine Reihe besonders schöner Ausblicke kann man bereits bei der Anfahrt, sei es von Westen oder Osten, genießen.

Ausgesprochen lebhaft geht es zu, wenn Valsequillo am ersten oder zweiten Sonntag im Februar im Wechsel mit Tejeda [Nr. 43] das **Mandelblütenfest** feiert. Die ausgelassenen Festlichkeiten sind von Folkloredarbietungen begleitet. An den Verkaufsständen werden traditionelle Handwerksarbeiten feilgeboten und reichlich kulinarische Köstlichkeiten – Mandelkuchen, Marzipan und natürlich Ziegenkäse.

Auf der sehr schönen Strecke von Valsequillo ins Inselinnere lohnt sich ein Halt in dem Dorf **Tenteniguada** – und sei es wegen der Erfrischungen (s. u.).

Der Name gilt als Markenzeichen

Blumenkäse

Die Käserei in Valsequillo stellt den qualitätvollen und allseits beliebten Ziegenkäse **Queso de Flor Valsequillo** her. Er wird auf allen traditionellen Festen im Ort und in der Umgebung verkauft. Mittlerweile ist er auf Märkten und in vielen Läden zu finden, doch am preiswertesten kaufen Besucher die schmackhafte Delikatesse direkt beim Hersteller: Queso Flor de Valsequillo S.A.T., Avenida de los Almendros 27 (von Telde kommend links, schräg gegenüber der Tankstelle), Eingang durch den Hinterhof.

Seinen ungewöhnlichen Namen verdankt der ›Blumenkäse‹ dem Einfall, zu seiner Herstellung Artischockenblüten-Ferment zu nehmen statt des sonst üblichen Kälber-Labs.

i Praktische Hinweise

Restaurants

La Culata, Hauptstraße 38, Tenteniguada. Kleine Bar mit *Tapas* und größeren Gerichten, alles typisch kanarisch, speziell Schwein, Kaninchen und *Papas arrugadas*. Schnell, unkompliziert und preiswert (Mo geschl.).

La Culata II, Calle Las Surtecillas 1 (links der Hauptstraße), Tenteniguada, Tel. 928 57 04 79. Familienbetrieb mit Terrasse am *Barranco*-Rand oberhalb der Gemüsegärten. Kanarisch-spanische Gerichte und gutes Fleisch vom Grill.

Gran Canaria aktuell A bis Z

Vor Reiseantritt

ADAC Info-Service:
Tel. 018 05/10 11 12, Fax 018 05/30 29 28
(0,12 €/Min.)

ADAC im Internet:
www.adac.de
www.adac.de/reisefuehrer

Gran Canaria im Internet:
www.grancanaria.com
www.grancanariainfo.de

Spanisches Fremdenverkehrsamt
Internet: www.tourspain.es

Deutschland
Kurfürstendamm 63, 10707 Berlin,
Tel. 030/882 65 43, Fax 030/882 66 61,
berlin@tourspain.es

Postfach 15 19 40, 80051 München,
Tel. 089/53 07 46 11, Fax 089/53 07 46 20,
munich@tourspain.es

Grafenberger Allee 100,
40237 Düsseldorf,
Tel. 02 11/680 39 81, Fax 02 11/680 39 85,
dusseldorf@tourspain.es

Myliusstraße 14,
60323 Frankfurt/Main,
Tel. 069/72 50 33, Fax 069/72 53 13,
frankfurt@tourspain.es

Prospektbestellung in Deutschland:
Tel. 061 23/991 34

Österreich
Walfischgasse 8, 1010 Wien 1,
Tel. 01/512 95 80, Fax 01/512 95 81,
viena@tourspain.es

Schweiz
Seefeldstraße 19, 8008 Zürich,
Tel. 04 42 53 60 50, Fax 04 42 52 62 04,
zurich@tourspain.es

Allgemeine Informationen

Reisedokumente

Für Deutsche, Österreicher und Schweizer genügt der gültige Personalausweis oder Reisepass bzw. der Kinderausweis.

Kfz-Papiere

Führerschein, Fahrzeugschein und Internationale Grüne Versicherungskarte.

Krankenversicherung und Impfung

Seit dem 1. Januar 2006 ist die Europäische Krankenversicherungskarte in die normale Versicherungskarte integriert. Sie wird in ganz EU-Europa anerkannt und garantiert die medizinische Versorgung. Sicherheitshalber empfiehlt sich jedoch der Abschluss einer zusätzlichen Reisekranken- und Rückholversicherung.

◁ *Ob Golf oder Volleyball – Sportbegeisterte erwarten vielfältige Möglichkeiten. In großen Poolanlagen, wie der des Gran Hotels Costa Meloneras, kann man herrlich planschen und wer es ausgefallen liebt, schaukelt auf Kamelrücken durch die Dünen. Für Stärkung sorgt die köstliche kanarische Küche.*

Hunde und Katzen

Für Hunde und Katzen ist bei Reisen innerhalb der EU ein gültiger, vom Tierarzt ausgestellter EU Heimtierausweis vorgeschrieben, ebenso die Kennzeichnung durch Mikrochip oder Tätowierung. Bis zum Jahr 2011 gelten Übergangsregelungen. Hunde, die als potenziell gefährlich eingestuft werden, müssen mit Maulkorb an der Leine geführt werden.

Zollbestimmungen

Die Kanarischen Inseln sind **Freihandelszone**, trotz Anschluss an die EU. Zoll-Infocenter: 069/46 99 76 00

Mitgeführt werden dürfen: 200 Zigaretten, 100 Zigarillos, 50 Zigarren oder 250 g Rauchtabak, 50 g Parfüm, 1 l Spirituosen über 22 % Alkoholanteil oder 2 l Spirituosen mit weniger als 22 % Alkohol.

Geld

Gängige *Kreditkarten* werden in Banken, Hotels und vielen Geschäften akzeptiert. An zahlreichen *EC-Geldautomaten (Maestro)* kann man rund um die Uhr Bargeld abheben.

Tourismusämter im Land

Las Palmas de Gran Canaria:

Información, Playa de Las Canteras Tel. 928 26 46 23 (tgl. geöffnet)

Cabildo Insular de Gran Canaria, Patronato del Turismo, Calle Léon y Castillo 17, Tel. 928 21 96 00, Fax 928 21 96 01, soniac@tourismograncanaria.com

Maspalomas/Playa del Inglés:

Centro Insular de Turismo, Avenida España/Avenida Estados Unidos, beim Yumbo-Einkaufszentrum, Tel. 928 77 15 50, Fax 928 76 78 48 (Mo–Fr 9–21, Sa 9–13 Uhr)

Notrufnummern

Einheitlicher Notruf (*Urgencias*): Tel. 112 (EU-weit, auch mobil: Polizei, Unfallrettung, Feuerwehr)

Ärztlicher Notruf: Tel. 061

Pannenhilfe des RACE (Reial Automóvil Club de España): Tel. 915 93 33 33 (Hilfe ist kostenpflichtig)

ADAC-Notrufstation Spanien:
Tel. 00 34/935 08 28 28

ADAC-Notrufzentrale München:
Tel. 00 49/89/22 22 22 (rund um die Uhr)

ADAC-Ambulanzdienst München:
Tel. 00 49/89/76 76 76 (rund um die Uhr)

Österreichischer Automobil Motorrad und Touring Club
ÖAMTC Schutzbrief-Nothilfe:
Tel. 00 43/(0)1/251 20 00

Touring Club Schweiz
TCS Zentrale Hilfsstelle:
Tel. 00 41/(0)2 24 17 22 20

Gesundheit

Auf Gran Canaria, vor allem im touristischen Süden, gibt es mehrere kleinere **Kliniken**, die über mehrsprachiges Personal verfügen. Auf die Empfehlung der Hotelrezeption bzw. des zuständigen Reiseleiters kann man sich getrost verlassen. Einen guten Ruf genießt in Playa del Inglés die *Skandinavische Klinik*, Avenida Gran Canaria 30, Tel. 928 77 15 38.

Diplomatische Vertretungen

Deutsches Konsulat,
Calle Albareda 3 (2. Stock), Las Palmas, Tel. 928 49 18 80, Fax 928 26 27 31, www.las-palmas.diplo.de

Österreichisches Konsulat,
Avenida de Gran Canaria 26 (im Hotel Eugenia Victoria), Playa del Inglés, Tel. 928 76 25 00, Fax 928 76 22 60

Schweizer Konsulat, Calle Domingo Rivero 2 (Esq. Juan XXIII), Las Palmas, Tel. 928 29 34 50, Fax 928 29 00 70, www.eda.admin.ch/spain

Besondere Verkehrsbestimmungen

Tempolimits (in km/h): Für Pkw, Motorräder und Wohnmobile bis 3,5 t gilt innerorts 50, in Wohngebieten (Spielstraßen) 20. Für Pkw und Motorräder gilt außerorts 90, auf Straßen mit mehr als einer Fahrspur in jeder Richtung und auf Schnellstraßen 100, auf Autobahnen 120. Für PKW mit Anhänger gilt außerorts 70, auf Schnellstraßen und Autobahnen 80. Wohnmobile bis 3,5 t dürfen außerorts max. 80, auf Schnellstraßen 90 und auf Autobahnen 100 fahren.

Überholverbot besteht 100 m vor Kuppen sowie auf Straßen, die nicht mindestens 200 m zu überblicken sind.

Das Tragen einer reflektierenden **Warnweste** beim Verlassen des Fahrzeuges im Falle einer Panne oder eines Unfalls außerhalb geschlossener Ortschaften ist vorgeschrieben. **Abschleppen** durch Privatfahrzeuge ist verboten. **Telefonieren** während der Fahrt ist nur mit Freisprecheinrichtung erlaubt.

Die **Promillegrenze** liegt bei 0,5.

Das Tragen eines **Sturzhelms** ist bei Moped- und Motorradfahrten Pflicht, sowohl innerhalb als auch außerhalb der Ortschaften. Das **Parken** auf den Bürgersteigen ist in den Ortschaften verboten, zum größten Teil auch an den Durchgangsstraßen. Gelbe Linien am Straßenrand bedeuten Parkverbot, blaue Linien zeitlich begrenzte Parkerlaubnis (Beschilderung beachten).

Hinweis: Keine brennenden Zigaretten aus dem Wagen werfen – die Brandgefahr ist vor allem im Sommer sehr groß.

Zeit

WEZ, also MEZ minus 1 Stunde, wobei die Sommerzeit gleichzeitig mit der mitteleuropäischen beginnt und endet.

Anreise

Fähre

Die *Compania Trasmediterránea* verbindet Gran Canaria mit Cádiz auf dem spanischen Festland. Das Büro dieser Fährgesellschaft befindet sich an der Plazoleta Mr. Jolly s/n in Las Palmas de Gran Canaria. Auskunft Fährterminal: Tel. 928 47 44 44, www.trasmediterranea.es.

Tägliche Verbindungen mit allen anderen Kanarischen Inseln ab der Mole des Puerto de la Luz, Las Palmas de Gran Canaria. Passagierschiffe verkehren mehrmals wöchentlich zwischen Las Palmas und Lanzarote bzw. Fuerteventura.

Die *Fred Olsen Line* verbindet außerdem täglich das Fischerdorf Puerto de las Nieves [Nr. 18] bei Agaete mit Santa Cruz de Tenerife, Tel. 902 10 01 07, www.fredolsen.es.

Flugzeug

Praktisch alle Besucher Gran Canarias reisen mit dem Flugzeug an. Die Flugzeit von Mitteleuropa aus beträgt im Schnitt viereinhalb Stunden. Charterflüge werden das ganze Jahr hindurch direkt von den Fluggesellschaften bzw. über die Reiseveranstalter angeboten, z. B. mit LTU. Direkte Flüge mit Condor gibt es ab Berlin, Dresden, Düsseldorf, Frankfurt, Hamburg, Hannover, Köln-Bonn, Leipzig-Halle, München und Stuttgart.

Der Internationale Flughafen **Aeropuerto de Gando** von Gran Canaria liegt zwischen der Hauptstadt Las Palmas und den Touristenzentren der Costa Canaria, etwa 20 km südlich von Las Palmas. Flughafen-Auskunft Tel. 928 57 90 94; für die span. Fluggesellschaft Iberia: Tel. 902 40 05 00, www.iberia.com.

Vom Flughafen fahren Stadtbusse (*Guaguas*) alle 20 Minuten direkt nach Las Palmas. Auch Taxis (Festpreise bzw. Taxameter) sind problemlos zu bekommen.

Bank, Post, Telefon

Bank

Banken gibt es reichlich, vor allem in Las Palmas und Playa del Inglés. Sie sind normalerweise Mo–Fr 8.30/9–13.30/14 Uhr geöffnet, teilweise im Winter auch bis 17 Uhr und an Samstagvormittagen. Bankautomaten gibt es in fast jedem Ort.

Post

Postämter sind nur vormittags Mo–Fr 9–13, Sa 9–14 Uhr geöffnet. Briefe und Postkarten nach Mitteleuropa benötigen meistens mehr als eine Woche. Man bekommt Briefmarken (*Sellos*) auf der Post, in Tabakläden, beim Kauf von Postkarten am Kiosk und manchmal auch an der Hotelrezeption. Die Briefkästen sind gelb lackiert mit einem roten Posthorn.

Telefon

Internationale Vorwahlen:

Spanien 00 34
Deutschland 00 49
Österreich 00 43
Schweiz 00 41

Das Telefonieren vom Hotelzimmer aus ist bekanntlich immer teurer als vom Telefonamt oder aus der Telefonzelle. Telefonkarten (*Tarjetas telefónicas*) sind auf Postämtern, in Bars und Tabakläden zu kaufen. Internationale Gespräche sind zwischen 22 und 8 Uhr und an Sonn- und Feiertagen am günstigsten.

Die Benutzung handelsüblicher **Mobiltelefone** ist auf Gran Canaria möglich. Man sollte sich jedoch vor Reiseantritt über das günstigste Netz vor Ort informieren und das eigene Mobiltelefon entsprechend programmieren.

Einkaufen

Geschäftszeiten im üblichen Sinne gibt es nur in den Städten: Mo–Sa 9/10–13/13.30 und 16.30/17–20 Uhr. In den Urlaubszentren bleiben die Geschäfte fast immer durchgehend bis spät in die Nacht geöffnet.

Bücher über die Inseln und deren Kultur, Kunstbände u. ä. sowie Landkarten bekommt man in großer Auswahl in der gut sortierten *Libreria del Cabildo* in Las Palmas, Calle Cano, parallel zur Triana [s. S. 31].

Kaufhäuser gibt es in Las Palmas (etwa das *Corte Inglés*) und gleich mehrere, große Einkaufszentren an der Costa Canaria [s. S. 82].

Märkte *(Mercadillos)* sind bei Einheimischen wie Touristen sehr beliebt. Sie finden inselweit nur vormittags etwa von 8–13/14 Uhr statt. Von touristischem Interesse sind der Flohmarkt von Las Palmas (Sonntagvormittag) [s. S. 34], der Viehmarkt (mit typischen Inselerzeugnissen) von Teror [Nr. 4] am Sonntag, gleichzeitig auch in Santa Brígida [Nr. 6] und Vega de San Mateo [Nr. 5]. In San Fernando/Playa del Inglés [s. S. 82] findet der Markt mittwochs und samstags statt, in Arguineguin [Nr. 29] dienstags und in Puerto de Mogán [Nr. 26] freitags. – Natürlich haben auch andere, kleinere Orte ihre Märkte, auf denen Obst und Gemüse sowie Haushaltswaren verkauft werden.

Das **Kunsthandwerk**, durch den Tourismus wieder belebt, bietet einige Möglichkeiten, sehr schöne Mitbringsel einzukaufen: **Hohlsaumstickereien** aus Ingenio [Nr. 53], **Hirtenmesser** mit kostbar verziertem Griff aus Guía [Nr. 12], **Töpferwaren** aus Arucas [Nr. 2] und **Timples**, die kleinen fünfsaitigen Zupfinstrumente der Kanaren. Einen guten Überblick über das Angebot verschafft man sich in der Regel in den örtlichen Informationsstellen, denen meist eine Kunsthandwerksausstellung angegliedert ist.

An haltbaren Lebensmitteln lohnen sich trockene **Wurstwaren** und vor allem der **Blumenkäse** aus Guía und Valsequillo [Nr. 12 und 56].

Die hervorragenden **Weine**, die auf den Kanarischen Inseln produziert werden, sind in guten Lebensmittelläden und Supermärkten erhältlich. Sie kosten freilich erheblich mehr als die Weine vom spanischen Festland. Da die Kanaren zollfrei bleiben durften, sind hier viele andere Alkoholika recht preiswert, vor allem die bekannten spanischen Marken.

Essen und Trinken

Zum Frühstück gehen die Grancanarios in die nächste **Bar** und trinken dort einen **Café**. Der ist klein und schwarz und sieht wie ein Espresso aus, wird aber gern in einem Glas serviert. Mit ein wenig Milchschaum obendrauf wird er zum **Café cortado**, einem ›gekürzten‹. Mit einem Schuss *Cognac* verwandelt er sich in einen **Carajillo** (Vorsicht: Es gibt im Spanischen ähnlich klingende Flüche und Vulgärwörter). Dazu bestellt sich ein Grancanario ein süßes Gebäck oder ein Sandwich.

Mittags und abends geht, wer es sich leisten kann, ins Restaurant und verspeist ein mehrgängiges Menü. Restaurants gibt es in allen Kategorien, von ganz einfach bis sehr fein. Da sich aber nicht jeder einen täglichen Restaurantbesuch leisten kann oder möchte, sind während der Mittagspause die *Tapas*-Bars immer gut besucht. Hier gibt es praktisch alle Speisen auch in halben Portionen, also **Media ración**, oder als **Ración** auf einem großen Teller. Auch die spanische **Tortilla**, eine Art Quiche aus Kartoffeln und Eiern, wird immer angeboten. Unendlich groß kann die Auswahl an **Tapas** sein. Sie sind in einer Glastheke oder dahinter aufgereiht. Bei Bestellung werden sie in die Mikrowelle gesteckt – fertig ist das Essen. Es sei denn, man bestellt nur Kaltes, wie sauer eingelegte Sardinen (*Bouqerones*), Tintenfischsalat (*Ensalada de pulpos*) oder sog. russischen Salat mit Wurzelgemüse, Erbsen, Eiern und Kartoffeln in viel Mayonnaise.

Was heißt das?

Comidas Caseras: Hier gibt es Hausmannskost.

Piscolabis: So nennen die Grancanarios Kleinigkeiten, die man schnell essen kann, also *Tapas*, belegte Brötchen etc.

Auf dem Markt in Teror handelt man sich gern und leicht einen Korb ein

Casa de Comidas: Hier gibt es etwas zu essen, auch wenn es manchmal nicht so aussieht, weil man z. B. in ein Hinterzimmer gehen muss.

Comedor: So heißt der Speiseraum; auch dieser kann z. B. hinter einer Bar liegen.

Siehe auch Essay S. 128 f.

Feste und Feiern

Feiertage

1. Januar: Neujahr

6. Januar: Heilige Drei Könige (*Los Reyes Magos*)

März/April: Karfreitag. *Semana Santa*: Die Woche vor Ostern ist religiösen Feierlichkeiten vorbehalten, die Woche danach Wallfahrten. Jedes Dorf hat sein eigenes Fest – und auf der Insel geht so ziemlich nichts seinen gewohnten Lauf.

1. Mai: Mai-Feiertag

25. Juli: Santiago/Sankt-Jakob-Tag

15. August: Mariä Himmelfahrt

12. Oktober: Nationalfeiertag (*Día de la Hispanidad*/Entdeckung Amerikas)

1. November: Allerheiligen

6. Dezember: Tag der Verfassung

8. Dezember: Mariä Empfängnis

25./26. Dezember: Weihnachten (*Navidad*)

Feste

Da fast jedes Dorf mehrmals im Jahr ein Fest feiert, sollten sich interessierte Urlauber am besten schon vor der Reise über den aktuellen Festkalender erkundigen. Hilfreich ist auch die Aufstellung in der deutschen Zeitschrift *Info Canarias* (www.infocanarias.com), die in Playa del Inglés wöchentlich erscheint und in allen Touristenorten erhältlich ist.

Januar/Februar

Karneval in Las Palmas [Nr. 1] mit großartigen Umzügen und Straßenfesten auf der Plaza de Santa Ana oder im Parque Santa Catalina. Ebenso in Playa del Inglés [s. S. 79] und in anderen größeren Orten.

Erster, zweiter oder dritter Sonntag im Februar: **Mandelblütenfest** in Tejeda [Nr. 43] und im Wechsel in Valsequillo [Nr. 56]. Mit Folklore und Kostproben typischer regionaler Produkte.

Schon die Kleinen übernehmen bei den Karfreitagsprozessionen eine aktive Rolle

April

29. 4.: **Tag der Unterwerfung Gran Canarias durch die Krone von Kastilien**. Besonders emotional (auch als antispanische Demonstration) an der Fortaleza de Ansite [Nr. 36] bei Santa Lucía de Tirajana [Nr. 35].

Mai/Juni

Fronleichnam (*Corpus Cristi*) wird in Las Palmas [Nr. 1] und Arucas [Nr. 2] traditionell mit großem Aufwand gefeiert. Schmücken der Hausfassaden mit Palmen, Girlanden, Fahnen und diversen Kunstgewerbeartikeln wie Körben oder Webarbeiten. Die Straßen werden mit Blumenteppichen oder solchen aus bunten Sägespänen, gefärbtem Salz, bunten Eierschalen u. ä. ausgelegt – eine vergängliche Pracht für die darüber schreitende Fronleichnamsprozession.

24. 6.: **Stadtgründungsjubiläum** von Las Palmas de Gran Canaria [Nr. 1] mit kulturellen, Sport- und Freizeit-Programmen (Geschäfte und Museen sind geschlossen, eingeschränkter Busverkehr). Festlichkeiten für den Schutzpatron Johannes d. T. (*San Juan Bautista*) in Telde [Nr. 55] und Arucas [Nr. 2].

Juli

16. 7.: **Fiestas del Carmen** im Hafenviertel Puerto de la Luz von Las Palmas, in Gáldar [Nr. 14] und San Bartolomé de Tirajana [Nr. 39] mit Folkloreprogramm.

25. 7.: Volkstümliche Prozession zu Ehren des *hl. Santiago de los Caballeros* in Gáldar

Runzelkartoffeln und frischer Fisch

Die grancanarische Küche ist sehr **abwechslungsreich**, weil sie sowohl von der bäuerlichen, altkanarischen Lebensweise als auch von den vielen Seefahrernationen beeinflusst wurde, die die Insel aufsuchten. Grundsätzlich wird viel frisches Gemüse verwendet, vor allem beim fantasiereichen Eintopf **Puchero canario**, der auf keinem guten kanarischen Speiseplan fehlen darf. Die bevorzugte Zusammensetzung des Puchero ist Fleisch von Rind, Hammel, Schwein und/oder Huhn, eine würzige pikante Wurst (z. B. **Chorizo**, eine Blut-und Paprikawurst) und manchmal kommt noch Speck oder Rippe hinzu. An Gemüsesorten werden Kichererbsen, Karotten, Zwiebeln, Stachelgurken (Chayotefrucht), grüne Bohnen, Kartoffeln, Süßkartoffeln (Bataten), Kürbis, Bubangos (den Zucchini ähnlich), Mais und Kohl verwendet. An Gewürzen kommen Knoblauch, Safran, Kreuzkümmel oder Petersilie hinzu.

Zur Puchero-Brühe gehört der unentbehrliche **Gofio**, eventuell mit einer **Mojo** (eine scharfe Paprikasoße, eventuell mit Korianderkraut: **Cilantro**) gewürzt. Das ›Kraftfutter‹ Gofio aus getrocknetem, dann geröstetem und gemahlenem Getreide und Mais war schon bei den Altkanariern Grundnahrungsmittel. Mit dem steigenden Interesse der Besucher an einheimischen Bräuchen und Speisen erlebt Gofio auch in Restaurants eine Renaissance.

Fast einem Kult gleich kommt bei kanarischen Köchen die Behandlung der **Kartoffel**. Etwa 50 Kartoffelsorten soll es auf den Kanarischen Inseln geben. Gute Köche verwenden die beiden qualitätvollsten: **Bonita** und **Negra** – ›die Schöne‹ und ›die Schwarze‹.

Ein Gericht kennt jeder Besucher eines kanarischen Restaurants: die **Papas arrugadas**. Die ›Runzelkartoffeln‹ sind klein, schwarz und mit einer Salzkruste ummantelt, die eigentlich von Meersalz herrühren sollte. Sie werden mit der Schale gegessen und mit einer leckeren Mojo gewürzt. Häufig stehen *Papas arrugadas con mojo* als Vorspeise im Menü.

Die feinen Restaurants der Insel haben die Rezepte aus Großmutters Küche entfettet und leichter und bekömmlicher gemacht, dem Geschmack tut das aber keinen Abbruch.

Tischlein-deck-dich auf grancanarisch

Bei den ländlichen **Fleischgerichten** dominieren Zicklein und Lamm, immer mit reichlich Knoblauch gewürzt. Für die Schärfe sorgen Pfeffer und Paprika, grobes Meersalz darf nicht fehlen, an Kräutern werden Koriander, Thymian und Oregano bevorzugt.

Unterwegs wird man in den Lokalen häufig Gebratenes bekommen, seien es Schweine- oder Rindersteaks, Hähnchen, Koteletts, Zicklein, Lamm, Kaninchen oder eine Art Gulasch. Speisekarten sind selten. Der Kellner informiert darüber, welche Tagesgerichte es gibt.

An den Küsten Gran Canarias beherrschen Fisch (**Pescado**) und Meeresfrüchte (**Mariscos**) die einfache Küche. Ein guter Fisch, etwa ein gekochter, geselchter Wrackbarsch mit Salzkartoffeln oder eine **Vieja**, der vielleicht beliebteste Fisch der Kanaren, gekocht und mit einem Schuss Olivenöl und Mojo verde, grüner Soße, serviert, schmeckt einfach köstlich. Aber auch andere Fischarten sind ein Genuss. Ob kurz gebraten (*a la plancha*) oder schwimmend in Öl ausgebacken (*frito*) – da braucht man kaum noch Gewürze und Kräuter. Es wird auch gerne eine Platte mit diversen Fischen angeboten (**Frito misto**).

Etwas aufwändiger und teurer, aber für Fischfans ein delikates Essen ist **Cazuela de pescado**, der Fischtopf. Die Cazuela wird in der einfachen Küche aus Kopf und Schwanz eines großen Fisches gemacht, die feinere Küche bietet sie mit Scheiben von Brasse, Barsch und Kabeljau an. Doch Kopf und Schwanz sind äußerst wichtig, denn daraus wird der Fischsud zubereitet, der der eingekochten Brühe aus Zwiebeln, frischen Tomaten, Paprika, Olivenöl und Weißwein erst den richtigen Pfiff gibt. **Caldo de pescado** ist die einfache und doch sehr leckere dicke Fischsuppe aus Fischresten und ein wenig Fischfleisch!

Hervorragend ist der **Käse** Gran Canarias, ob frisch oder gelagert, meist aus Ziegenmilch gemacht. Eine Spezialität der Insel, vor allem aus Guía [Nr. 12] oder Valsequillo [Nr. 56], ist Queso de Flor, ›Blumenkäse‹. Er wird mit dem Saft der Artischockenkarde fermentiert statt mit dem üblichen Kälber-Lab. Das hält den Käse länger zart, gibt ihm allerdings auch einen intensiveren Ziegengeschmack. Deshalb wird die Ziegenmilch teilweise mit Schafs- oder Kuhmilch vermischt angesetzt.

Zum Essen sollte man einen kanarischen **Wein** bestellen. Am besten vertreten sind Teneriffa-Weine aus Tegueste und Tacoronte. Es gibt aber auch diejenigen von der kleinen Nachbarinsel El Hierro, aus La Palma und vom vulkanischen Lanzarote. Auch auf Gran Canaria gibt es hervorragende Weine, die durch die Ursprungsbezeichnungen ›Monte Lentiscal‹ und ›Gran Canaria‹ klassifiziert werden. Je nach Anbaugebiet variiert ihr Geschmack von fruchtig bis sehr aromatisch.

In Arucas [Nr. 2] wird der beste **Rum** der Insel gebrannt, den es in mehreren Varianten gibt, auch als sehr süßen Likör mit Honig.

Was das **Bier** angeht, scheint keine Marke dieser Welt im touristischen Gran Canaria zu fehlen. Zum Glück auch die spanischen Marken nicht.

Der **Nachtisch** wird gern sehr süß genossen. Die beiden leckersten grancanarischen Spezialitäten stammen aus dem Tal von Tejeda [Nr. 43]. Die eine ist schlichtweg Marzipan. Die andere besteht ebenfalls aus Mandelmus, ist aber mit Honig cremig verrührt und heißt **Bienmesabe**, wörtlich übersetzt ›das schmeckt mir gut‹. Ansonsten werden **Turrón** angeboten, eine Art Nougat aus Eier-Mandel-Masse, und **Flan**, also Vanillepudding mit Karamell, sowie frisches Obst und Eiscreme.

[Nr. 14] mit Straßenfest und vielen Feierlichkeiten, die zwei bis drei Wochen dauern, Folklore und kanarischer Ringkampf (*Lucha Canaria*) inbegriffen.

August

4.8.: **Fest der Kiefernzweige**, Bajada de la Rama, in Puerto de las Nieves [Nr. 18] und Agaete [Nr. 17], ein auf die Altkanarier zurückgehendes, sehr volkstümlich-religiöses Fest.

5.8.: Eine Kopie des Bildes der ›Jungfrau vom Schnee‹ wird aus ihrer Kapelle in Puerto de las Nieves in einer *Prozession* nach Agaete geführt [s. S. 62].

15.8.: **Marienfest** in Santa María de Guía [Nr. 12], eines der größten Volksfeste.

17.8.: Das Bildnis der *›Jungfrau vom Schnee‹* wird von Agaete zu seinem angestammten Platz in der Wallfahrtskapelle in Puerto de las Nieves zurückgeführt und mit viel Musik, Feuerwerk und Tanz auf den Straßen gefeiert.

September

8.9.: Die Schutzheilige der gesamten Diözese Canaria, *›Nuestra Señora del Pino‹*, wird hauptsächlich in Teror [Nr. 4] gefeiert, aber auch in vielen anderen Ortschaften der Insel. Bei der Wallfahrt treffen sich die Repräsentanten aller Orte mit typischen Produkten (Fisch und Käse, Obst und Gemüse, Kunsthandwerkliches) und legen ihre Gaben zu Füßen der festlich gekleideten Madonnenfigur nieder.

10.9.: Das **Tümpelfest** von San Nicolás de Tolentino [s. S. 67] dürfte auch Touristen Vergnügen bereiten. Es geht auf den Bischof Delgado y Venegas zurück, der als er 1766 das Dorf besuchen wollte, nackte Männer und Frauen in einem Tümpel bei San Nicolás vorfand. Der Bischof entrüstete sich derartig, dass er alle Dorfbewohner exkommunizierte. An dieses Ereignis erinnern die Menschen von San Nicolás, indem sie sich während der Fiesta gegenseitig in einen Teich werfen, allerdings in voller Montur. Nebenbei wird ein Wettbewerb veranstaltet, bei dem es darum geht, die meisten Fische aus dem Teich zu ziehen.

Oktober

5.10.: In Agüimes [Nr. 52] findet das Fest der Jungfrau vom Rosenkranz (*›Virgen del Rosario‹*) statt, an dem sich flinke junge Männer im altkanarischen Stockkampf (*Juego del palo*) messen, andere im Ringen (*Lucha Canaria*).

Kein Fest ohne Musikanten

November/Dezember

Rancho de Animas nennen die Leute von Teror [Nr. 4] ihr Fest, bei dem die ältesten Männer des Städtchens eine improvisierte Musikkapelle bilden, durch die Straßen ziehen und alte kanarische Lieder singen. Das Geld, das sie dabei sammeln, spenden sie für das Seelenheil der Sünder im Fegefeuer. *Ranchos de Animas* werden auch in mehreren anderen Dörfern veranstaltet.

Dezember

Lebendiges **Krippenspiel** in Mogán [Nr. 25] und Ingenio [Nr. 53].

Klima und Reisezeit

Gran Canaria ist ein *Ganzjahresziel* bei mittleren Temperaturen von 20 °C. Regen, kurz und heftig, fällt zwischen Oktober und März, am ehesten im Januar und Februar. Die ausgeglichensten Urlaubsmonate sind März bis Juli.

Auf den Höhen und im Norden (besonders in Las Palmas) bilden sich tagsüber oft tief hängende Wolken (*Pancha del burro*, ›Eselsbauch‹, nennen sie die Palmeros) durch den Nordostpassat, vor allem in den Wintermonaten.

Als beste Reisezeit gilt der Winter, da man als Mitteleuropäer dann in relativ kurzer Flugzeit in wärmere Gefilde kommt. Aber besonders schön ist auf Gran Canaria das Frühjahr ab März bis Juni.

Klimadaten Las Palmas

Monat	Luft (°C) min./max.	Wasser (°C)	Sonnen-std./Tag	Regen-tage
Januar	21/14	19	6	6
Februar	22/14	18	6	3
März	22/15	18	7	3
April	22/16	18	8	2
Mai	23/17	19	9	1
Juni	24/18	20	9	1
Juli	25/19	21	9	1
August	25/21	22	9	1
September	26/21	23	8	1
Oktober	28/19	23	7	4
November	24/18	21	6	6
Dezember	22/16	20	5	6

Kultur live

Speziell im Winterhalbjahr während des **Festival de Música de Canarias** (Tel. 928 24 74 42, www.festivaldecanarias.com) finden z. B. sonntagvormittags Konzerte auf der Plaza Catalina in Las Palmas de Gran Canaria [Nr. 1] statt. Dazu lädt die kanarische Regierung namhafte Orchester aus aller Welt auf die Inseln ein, natürlich auch nach Gran Canaria.

Theater- und Tanzfreunde kommen im Juni und Juli beim **Festival de Teatro y Danza de las Palmas de Gran Canaria** (Tel. 928 44 66 53, www.teatroydanzalaspalmas.com) auf ihre Kosten.

Auf dem **Festival Internacional de Cine** (Tel. 928 44 68 33, www.festivalcinelaspalmas.com) werden die neuesten internationalen Filmproduktionen gezeigt. Es findet jedes Jahr im März und April in Las Palmas statt.

Interessante Theateraufführungen sind nicht nur auf den großen Bühnen in Las Palmas zu sehen, sondern auch im Teatro Municipal in Agüimes [Nr. 52] (Plaza Mayor), im Teatro Municipal in Gáldar [Nr. 14] sowie im Teatro-Cine Hepérides in Santa María de Guía [Nr. 12].

Das **Kulturzentrum** der Insel befindet sich in Las Palmas (Calle Pérez Galdós/Bravo Murillo). Kleinere Kulturzentren sind etwa das *Moderno Cinema* von San Nicolás de Tolentino [s. S. 67] und die *Casa de Cultura* von Telde [Nr. 55] (Calle Poeta Pablo Neruda).

Nachtleben

Nachtschwärmer erhalten auf den Webseiten www.laspalmastonight.com und www.maspalomas-tonight.com topaktuelle Infos zu Clubs, Bars und Special-Events in der Hauptstadt bzw. im Ferienzentrum des Südens.

Diskotheken

Club Moma, Ruiz de Alda 14, Las Palmas, Tel. 928 38 25 86. Hippe Location mit neuem Konzept: Musik, Mode und Design vereint unter einem Dach.

Coto Cinco Estrellas, im Hotel Melia, Las Palmas. Klub mit gestyltem Publikum.

Pacha-Disco Club, C.C. Plaza, Playa del Inglés. Der ›Fashion‹-Club des Südens. Getanzt wird zu R&B, Funk, Dance und House.

Chic-Discoteca, im Hotel Maritim, Playa del Inglés. House and Dance heizen dem Publikum ein.

Spielcasinos

Die feinste Adresse dürfte das **Casino de Las Palmas** [s. S. 32] im Hotel Santa Catalina in Las Palmas [Nr. 1] sein (Parque Doramas, Tel. Casino 928 23 39 08; So–Do 20–4 Uhr, Fr/Sa bis 5 Uhr).

An der Playa del Inglés, eigentlich schon in San Agustín, befindet sich im Hotel Tamarindos (Calle Las Retamas 3, Tel. 928 76 68 28) das **Casino Palace Gran Canaria** [s. S. 82], das in einem gesonderten Saal auch internationale Shows mit Abendessen bietet (So und Mo geschl.).

Bars mit Livemusik

Charleston Café, Calle Buenos Aires 14, Las Palmas, Tel. 928 37 24 92. Livemusik, Tanzshows und Kleinkunst (Di–Sa ab 21 Uhr).

Cuasquías, Calle San Pedro 2, Las Palmas, Tel. 928 37 00 46. Do–Sa Livemusik in einem denkmalgeschützten Haus aus dem 19. Jh.

Grutas de Artiles-Orquestra, Calle Meleguinas s/n, Santa Brígida [Nr. 6]. Sa traditionelle Musikveranstaltungen.

Pub La Calle, Sargento Llagas 35, Las Palmas, Tel. 928 26 28 80. Pop- und Rockkonzerte.

Sport

Zuschauersportarten sind auf Gran Canaria sehr beliebt, vor allem die beiden traditionellen Disziplinen, die auf die altkanarische Kultur zurückgehen. Das ist einmal **Palo**, der Stabkampf. Man erlebt ihn eigentlich nur noch an großen Festtagen oder im privaten Kreis.

Die **Lucha Canaria**, der kanarische Ringkampf [s. S. 114], wird wieder sehr gepflegt. Nachdem er in der Franco-Ära nicht gerne gesehen war, ist er heute sogar Schulfach im Sportunterricht. In jeder größeren Ortschaft darf man mit einer speziellen kreisrunden Arena (*Terrero*) rechnen. Auskünfte über die Spielpläne geben die örtlichen Bars.

Gemütliche Bars wie hier in Puerto de Mogán haben bis spät in die Nacht geöffnet

Einfach praktisch: Mit dem Guanchen-Wanderstab lässt sich fast jedes Hindernis überwinden

Bergwandern

In den letzten Jahren wurden zahlreiche historische Wege durch Gran Canaria, die fast alle vom Zentrum ausgehen, wieder hergestellt. Unter dem Sammelbegriff Königswege (*Senderos reales*) stellt die Inselregierung sie in einem hervorragenden zweibändigen Werk vor: **Guía de Senderos de Gran Canaria**, in spanischer Sprache, das z. B. in der Librería del Cabildo in Las Palmas erhältlich ist. Zwar stimmen nicht alle Karten, aber Wanderexperten können damit schon eine Menge anfangen und man erfährt zusätzlich sehr viel über Natur, Kultur und auch die entlegensten Ortschaften.

Beim **Patronato de Turismo** (Calle Léon y Castillo 17, Las Palmas, Tel. 928 21 96 00, dpromoc@grancanaria.com) kann man deutschsprachige Broschüren zu ausgewählten Wanderwegen anfordern.

Wanderungen durch Gran Canaria können wegen schnellen Wetterumschwungs und unübersichtlicher Wege tatsächlich einige Risiken bergen. Wer sich nicht auf eigene Faust in die herrliche Bergwelt Gran Canarias traut, sollte sich einer Führung anschließen. Die **Alpinschule Innsbruck** (Tel. 00 43/512 54 60 00 00, Fax 00 43/512 54 60 01, www.asi.at) führt z. B. während einer einwöchigen Wanderung (Okt.–Mai) durch die Täler und auf die schönsten Berggipfel.

Fallschirmspringen und Paragliding

Die hiesigen Aufwinde eignen sich besonders für die neueren Luftsportarten. Zu organisieren sind solche Trips über den **Real Aeroclub de Gran Canaria**, ca. 3 km östlich von San Agustín, Carretera General del Sur, km 46,5, Tel. 928 76 24 47, www.aeroclubgrancanaria.com.

Golf

Sieben Golfplätze gibt es bislang auf der Insel:

Anfi Tauro Golf (9 Loch), Valle de Tauro s/n, Mogán, Tel. 928 12 88 40, Fax 928 15 56 03, www.anfitauro.es

Campo de Golf de Maspalomas (18 Loch), Avda. T. O. Neckermann s/n, Maspalomas, Tel. 928 76 25 81, Fax 928 76 82 45, www.maspalomasgolf.net

El Cortijo Club de Campo (18 Loch), GC-1, km 6,4, Telde, Tel. 928 71 11 11, Fax 928 71 49 05, www.elcortijo.es

El Cortijo Golf Center (18 Loch), GC-1, km 6,4, Telde, Tel. 928 68 48 90, Fax 928 69 71 50, www.cortijogolfcenter.com

Meloneras Golf (18 Loch), Calle Gánigo 6, Meloneras, Tel. 928 14 53 09, Fax 928 14 60 66

Real Club de Golf de Las Palmas (18 Loch), Carretera de Bandama, Santa Brígida, Tel. 928 35 01 04, Fax 928 35 01 10, www.realclubdegolfdelaspalmas.com. Der älteste Golfclub Spaniens wurde bereits 1891 gegründet [s. S. 50].

Salobre Golf (18 Loch), GC-1, km 5, El Salobre, Tel. 928 01 01 03, Fax 928 01 01 04, www.salobregolfresort.com

Hochseefischen

Gran Canaria bietet gute Möglichkeiten zum Hochseefischen und Angeln, für Profis wie für Hobby-Sportfischer. Die Fischgründe bieten besonders Thunfisch, Bonito und Schwertfisch. Mehr als 30 Weltrekorde im Hochseefischen wurden bislang in den Gewässern Gran Canarias aufgestellt. Ausflugsangebote für Gruppen oder Einzelgäste gibt es in den Sporthäfen von Puerto Rico [Nr. 28] und Puerto de Mogán [Nr. 26].

Radfahren, Mountainbiking

Überall in den Ferienorten sind Fahrräder zu mieten, vor allem an der Costa Canaria [Nr. 30], z. B. bei **Happy Biking** (im Hotel IFA Continental, Avenida de Italia 2, Playa del Inglés, Tel. 928 76 68 32, www.happybiking.com). Hier können Tourenräder, Mountainbikes und Zubehör ausgeliehen werden, auch geführte Touren sind im Angebot.

Segeln und Surfen

Gran Canarias Süden bietet ein besonders gutes Revier für Segler und Surfer von internationalem Format. Bei Windsurfern gilt der Küstenstreifen von Tarajalillo bis Pozo Izquierdo im Südosten als eines der besten Reviere weltweit.

In den Jachthäfen von Las Palmas [Nr. 1] und Puerto de Mogán [Nr. 26] bereiten sich Mannschaften aus aller Welt auf die Atlantiküberquerung vor oder machen Station auf ihren Törns zwischen der Alten und der Neuen Welt – ganz in der Tradition von Christoph Kolumbus.

Puerto Rico [Nr. 28] avancierte für alle Wassersportarten zum beliebtesten Zentrum Gran Canarias. Eine gute Adresse für Segler ist:

Sail & Surf Overschmidt, Puerto Rico, Tel./Fax 928 56 52 92, www.segelschule-grancanaria.de. Auch deutschsprachiger Surf- und Segel-Unterricht, Tagestörns, Bootsverleih.

An allen größeren Stränden kann man Surfbretter leihen.

Adressen der mit allen Einrichtungen wie Trinkwasser, Elektrizität, Telefon, Diesel und Benzin, Kran und Rampe (und mehr) ausgestatteten **Sporthäfen**:

Muelle Deportivo de Las Palmas de Gran Canaria, Las Palmas, Tel. 928 24 41 01, Fax 928 24 36 06, www.palmasport.es

Club de Yates Pasito Blanco, Carretera General del Sur, Kilometer 60, Pasito Blanco, Tel. 928 14 21 94, Fax 928 14 25 46

Puerto Deportivo Puerto Rico, Puerto Rico, Tel. 928 56 11 41, Fax 928 56 16 32

Puerto Deportivo de Puerto de Mogán, Servicios del Puerto - S.L.U., Puerto de Mogán, Tel. 928 56 56 68, Fax 928 56 50 24, www.puertosdecanarias.com

Puerto Deportivo de Arguineguin, Avda. del Puerto, Arguineguin, Tel./Fax 928 73 64 41. Spezialisiert auf Transatlantik-Jachten von mehr als 12 m Länge.

Tauchen

Sehr reich ist die Unterwasserwelt Gran Canarias zwar nicht, aber wegen des warmen Wassers ist das Revier bei Tauchern beliebt. Mehrere Tauchzentren bieten Kurse und das nötige Gerät an, u. a.:

Centro Turístico de Buceo Sun Sub, Hotel Buenaventura, Playa del Inglés, Tel. 928 77 81 65, www.sunsub.com

Centro Naútico de Buceo, Hotel IFA-Interclub Atlantic, San Agustín, Tel. 928 77 81 68

Top Diving, Muelle Deportivo, Puerto Escala/Puerto Rico, Tel. 928 56 06 09, www.topdiving.net

Einmal landet sicher jeder Segler im bestens ausgestatteten Hafen von Puerto Rico

Tennis und Squash

Die meisten Urlaubsanlagen verfügen über Tennisplätze, viele davon mit Flutlicht, weil die Gäste im warmen Klima nicht gern tagsüber spielen. Es gibt auch mehrere Tennisklubs (auch mit Squash), bei denen man Plätze mieten und bei Bedarf auch einen Lehrer engagieren kann, z. B.:

Club de Tenis Gran Canaria, Calle Beethoven 4, Las Palmas, Tel. 928 24 34 34

Club de Tenis Dunaflor, Avenida Tjaereborg s/n, Campo de Golf Maspalomas, Tel. 928 76 74 47

Statistik

Lage: Gran Canaria ist die drittgrößte Insel des kanarischen Archipels. Sie liegt rund 200 km von der afrikanischen Küste entfernt, zwischen dem 15. und 16. westlichen Längengrad sowie dem 27. und 28. nördlichen Breitengrad. Zeit: WEZ, also MEZ minus 1 Stunde.

Verwaltung: Gran Canaria ist Teil der spanischen Region Kanaren, die weitgehende Autonomie besitzt und auch der EU erst nach Zugeständnis eines Sonderstatus beigetreten ist. Die Region besteht aus zwei Provinzen: Ost- und West-Kanaren. Gran Canaria gehört zusammen mit Lanzarote und Fuerteventura zur Ostprovinz, deren Hauptstadt Las Palmas de Gran Canaria ist. Die Insel besteht aus 21 selbstständigen Verwaltungsbezirken (*Municipios*).

Fläche: 1432 km^2. Die Insel ist fast kreisrund, mit einem Durchmesser von ca. 50 km.

Bevölkerung: rund 800 000 Einwohner.

Hauptstadt: Las Palmas de Gran Canaria (knapp 400 000 Einwohner).

Wirtschaft: Zwischen 2 und 3 Mio. Touristen zählt die Insel jährlich. Der Tourismus mit all seinem Nebengewerbe ist die wichtigste Einnahmequelle der grancanarischen Bevölkerung.

Fischfang, ein wenig Weinbau sowie Gemüse- und Obstanbau (neuerdings sogar von tropischen Obstbäumen, die hier hervorragend gedeihen, z. B. Mango und Papaya) werden nur für den Eigenbedarf der Insel betrieben. Eine gleichfalls untergeordnete Rolle spielt die Viehhaltung, vor allem Ziegen und Schafe, und die daraus resultierende Käseproduktion. Eine Ausnahme stellt der recht erfolgreiche Anbau von Tomaten und Bananen dar. Sie werden für den Export heutzutage hauptsächlich in Treibhäusern gezogen.

Unterkunft

Camping

Campingplätze sind rar und wegen der oft fehlenden Infrastruktur auch nicht besonders zu empfehlen. Einen besseren Platz gibt es z. B. westlich Maspalomas, an der Straße Agüimes–Santa Lucía de Tirajana, bei Arguineguin [Nr. 29]. In den Naturschutzgebieten gibt es einige staatliche Zeltplätze. Reservierung:

Centro Cultural y Medio Ambiente, Calle Pérez Gáldos 53, Las Palmas, Tel. 928 21 94 21.

Ferienhäuser

Diese Unterkunftsart gibt es in Mengen in den Feriensiedlungen, meist allerdings als Reihenhäuser oder eng beisammenstehende Bungalows.

Ferienhäuser auf dem Lande (*Turismo rural*) sind heutzutage äußerst beliebt. Viele Besitzer von Bauernhäusern oder Dorfresidenzen haben ihre Anwesen restauriert und den Komfortwünschen der Urlauber entsprechend eingerichtet.

Viele dieser typischen Landhäuser sind auf jeder der Kanarischen Inseln über die Vereinigung der Inselregierung **Turismo Rural en Canarias** (www.turismoruralcanarias.com, www.ecoturismcanarias.com) zu finden und zu buchen.

Hotels und Pensionen

Zahlreich und sehr unterschiedlich sind die Hotels und Pensionen Gran Canarias. In jeder Kategorie gibt es etwas, vor allem im Süden an der Costa Canaria. Eine Sonderform sind Apartmenthäuser und -hotels: entweder zur Selbstversorgung oder bei Bedarf mit Hotelservice.

Beliebt sind **Landhotels** (*Hoteles rurales*) an entlegenen Stellen wie am Cruz de Tejeda [Nr. 44] oder in ehem. Landgütern, deren wenige Zimmer zu gepflegten kleinen Oasen der Ruhe umgestaltet wurden. Wie bei den Ferienhäusern hilft auch hier die Vereinigung **Turismo Rural en Canarias** (www.turismoruralcanarias.com bzw. www.ecoturismocanarias.com) bei Suche und Buchung.

Beschwerdebuch

Bei überhöhten Preisen, schlechtem Service etc. **Hojas de Reclamaciones** verlangen. Das Beschwerdebuch müssen alle haben: Bars, Restaurants, Hotels, Supermärkte, Taxifahrer, Busunternehmer etc. Die Blätter sind nummeriert, sodass niemand mogeln und unliebsame Einträge entfernen kann.

Im Norden der Insel und im Inneren kann es mit Hotels und Pensionen allerdings sehr eng werden bzw. vorkommen, dass alles ausgebucht ist. Vor einer längeren Tour sollte man sich also genau erkundigen, wo man übernachten kann.

Jugendherbergen

Jugendherbergen im üblichen Sinne gibt es auf Gran Canaria nicht. Entsprechende Häuser *(Albergues)* werden hauptsächlich von Jugendgruppen und Schulklassen komplett gebucht und belegt.

Verkehrsmittel im Land

Bus

Viel benutzte Verkehrsmittel sind Busse (*Guaguas*). Vor allem Überlandbusse sind sehr bequem, weil sie zwischen den wichtigsten Orten der Insel etwa alle halbe Stunde verkehren, z. B. zwischen Las Palmas und Playa del Inglés sowie zwischen Playa del Inglés und Maspalomas.

Fahrpläne der Busgesellschaft **GLOBAL** gibt es an der Estación de Guaguas de Las Palmas, Parque San Telmo (Tel. 928 36 83 35, www.globalsu.net) und bei örtlichen Touristenbüros. Das Sparticket *Tarjeta Insular*, das 20 % Ermäßigung gewährt, lohnt sich für Urlauber, die die Insel per Bus erkunden möchten.

Innerstädtisch lohnt sich bei einem längeren Aufenthalt in Las Palmas [Nr. 1] der Kauf einer *Zehnerkarte* (*Bono-Guagua de diez viajes*, zehn Fahrten zum Preis von sechs), erhältlich in Zeitschriften- und Tabakläden sowie an großen *Guaguas*-Stationen. Sonst löst man den Einzelfahrschein im Bus.

Öffentliche Busse fahren auch alle touristisch interessanten Punkte an, immer passend zu den Öffnungszeiten, im Süden z. B. von der Costa Canaria zu Sioux City [s. S. 81] und Palmitos Park [Nr. 31].

Mietwagen

In allen großen Städten und im Süden können Besucher Autos mieten, was mit dem Schild ›*Coches de alquilar*‹ angezeigt wird. Es genügt die Vorlage eines nationalen Führerscheins.

Bei Leihwagen werden wegen niedriger Deckungssummen Vollkasko- und Insassenunfallversicherung empfohlen. Wer mit der **Kreditkarte** zahlt, erspart sich die Zahlung einer Kaution.

Hinweis: Die meisten Tankstellen sind an Sonn- und Feiertagen geschlossen.

Alle Straßen der Inseln wurden neu nummeriert, was zu Verwirrung führen kann, wenn man noch eine alte Karte zu Rate zieht, aber die Hinweisschilder sind meist gut angebracht.

ADAC-Mitglieder können über die Geschäftsstellen oder unter Tel. 018 05/31 81 81 (0,12 €/Min.) preisgünstiger ein Auto vorbuchen. Außerdem können sie in Deutschland umfangreiches **Informations- und Kartenmaterial** kostenlos unter Tel. 018 05/10 11 12 (0,12 €/Min) anfordern. Im ADAC Verlag ist zudem die Urlaubskarte *Kanarische Inseln* (1 : 150 000) erschienen (www.adac.de/karten).

Schiff

Die Passagierschiffe der Gesellschaft *Lineas Salomon* verbinden mehrmals täglich Arguineguin [Nr. 29] mit Puerto Rico [Nr. 28] und Puerto de Mogán [Nr. 26]. Die preiswerten Tickets kauft man direkt an Bord, eine Vorausbuchung ist normalerweise nicht nötig.

Taxi

Taxis sind ausgesprochen preiswert und lassen sich auch für Überlandfahrten anheuern. Sie fahren praktisch alle mit Taxameter, man kann aber für längere Fahrten einen Festpreis aushandeln.

Zeitschriften/Zeitungen

Alle wichtigen deutschsprachigen Tageszeitungen und Zeitschriften sind in den Ferienorten erhältlich, Boulevardzeitungen sogar am Erscheinungstag. Einige deutschsprachige Insel-Zeitungen, z. B. *Info Canarias*, informieren über aktuelle Ausstellungen und Feste, über bedeutende Entwicklungen oder Ereignisse im Fremdenverkehr.

Sprachführer

Spanisch für die Reise

Das Wichtigste in Kürze

Ja/Nein	*sí/no*
Bitte/Danke	*por favor/gracias*
In Ordnung!/ Einverstanden!	*¡Está bien!/ ¡De acuerdo!*
Entschuldigung!	*¡Perdón!*
Wie bitte?	*¿Cómo dice/dices?*
Ich verstehe Sie nicht.	*No le entiendo.*
Ich spreche nur wenig Spanisch.	*Hablo sólo un poco de español.*
Können Sie mir bitte helfen?	*¿Puede ayudarme, por favor?*
Das gefällt mir (nicht).	*(No) Me gusta.*
Ich möchte ...	*Quisiera ...*
Haben Sie ...?	*¿Tiene Usted ...?*
Gibt es ...?	*¿Hay ...?*
Wie viel kostet das?	*¿Cuánto cuesta?*
Wie teuer ist ...?	*¿Qué precio tiene ...?*
Kann ich mit Kreditkarte bezahlen?	*¿Puedo pagar con la tarjeta de crédito?*
Wie viel Uhr ist es?	*¿Qué hora es?*
Guten Morgen!	*¡Buenos días!*
Guten Tag!	*¡Buenos días!/ ¡Buenas tardes!*
Guten Abend!	*¡Buenas tardes!*
Gute Nacht!	*¡Buenas noches!*
Hallo!/Grüß Dich!	*¡Hola!/¿Qué tal?*
Mein Name ist ...	*Me llamo ...*
Wie ist Ihr Name, bitte?	*¿Cómo se llama Usted, por favor?*
Wie geht es Ihnen?	*¿Qué tal está Usted?*
Auf Wiedersehen!	*¡Adiós!*
Tschüs!	*¡Hasta luego!*

Zahlen

0	*zero*	19	*diecinueve*
1	*uno*	20	*veinte*
2	*dos*	21	*veintiuno, -a*
3	*tres*	22	*veintidós*
4	*cuatro*	30	*treinta*
5	*cinco*	40	*cuarenta*
6	*seis*	50	*cincuenta*
7	*siete*	60	*sesenta*
8	*ocho*	70	*setenta*
9	*nueve*	80	*ochenta*
10	*diez*	90	*noventa*
11	*once*	100	*cien, ciento*
12	*doce*	200	*doscientos, as*
13	*trece*	1 000	*mil*
14	*catorce*	2 000	*dos mil*
15	*quince*	10 000	*diez mil*
16	*dieciséis*	1000 000	*un millón*
17	*diecisiete*	½	*medio*
18	*dieciocho*	¼	*un cuarto*

Bis bald!	*¡Hasta pronto!*
Bis morgen!	*¡Hasta mañana!*
gestern/heute/morgen	*ayer/hoy/mañana*
am Vormittag/ Nachmittag	*por la mañana/ por la tarde*
am Abend/ in der Nacht	*por la tarde/ por la noche*
um 1 Uhr/2 Uhr usw.	*a la una/a las dos ...*
um ... Uhr 30	*a la/las ... y media*
Minute(n)/Stunde(n)	*minuto(s)/hora(s)*
Tag(e)/Woche(n)	*día(s)/semana(s)*
Monat(e)/Jahr(e)	*mes(es)/año(s)*

Wochentage

Montag	*lunes*
Dienstag	*martes*
Mittwoch	*miércoles*
Donnerstag	*jueves*
Freitag	*viernes*
Samstag	*sábado*
Sonntag	*domingo*

Monate

Januar	*enero*
Februar	*febrero*
März	*marzo*
April	*abril*
Mai	*mayo*
Juni	*junio*
Juli	*julio*
August	*agosto*
September	*septiembre*
Oktober	*octubre*
November	*noviembre*
Dezember	*diciembre*

Maße

Kilometer	*kilómetro(s)*
Meter	*metro(s)*
Zentimeter	*centímetro(s)*
Kilogramm	*kilogramo(s)*
Pfund	*medio kilo*
Gramm	*gramo(s)*
Liter	*litro(s)*

Unterwegs

Nord/Süd/West/Ost	*norte/sur/oeste/este*
oben/unten	*arriba/abajo*
geöffnet/geschlossen	*abierto/cerrado*
geradeaus/ links/ rechts/ zurück	*derecho/ a la izquierda/ a la derecha/ atrás*

nah/weit	*cerca/lejos*
Wie weit ist das?	*¿A qué distancia está?*
Wo sind die Toiletten?	*¿Dónde están los aseos?*
Bitte, wo ist die (der) nächste ...	*Por favor, ¿dónde está ...*
Telefonzelle/	*la cabina telefónica/*
Bank/Polizei/	*el banco/la policía/*
Post/	*el correo/*
Geldautomat?	*el cajero automático más cerca?*
Wo ist ...	*¿Dónde está ...*
der Hauptbahnhof/	*la estación central/*
die Busstation/	*la estación autobus/*
der Flughafen?	*el aeropuerto?*
Wo finde ich ...	*¿Dónde está ...*
eine Apotheke/	*una farmacia/*
eine Bäckerei/	*una panadería/*
Fotoartikel/	*los artículos fotográficos/*
ein Kaufhaus/	*unos grandes almacenes/*
ein Lebensmittelgeschäft/	*un supermercado/*
den Markt?	*el mercado?*
Ist das der Weg/ die Straße nach ...?	*¿Es éste el camino/ la carretera a ...?*
Ich möchte mit ...	*Quisiera ir en ...*
dem Zug/dem Schiff/	*tren/barco/*
der Fähre/	*ferry/*
dem Flugzeug	*avión*
nach ... fahren.	*a ...*
Gilt dieser Preis für Hin- und Rückfahrt?	*¿Es el precio de ida y vuelta?*
Wie lange gilt das Ticket?	*¿Hasta cuándo está válido el billete?*
Wo ist das Fremdenverkehrsamt/ ein Reisebüro?	*¿Dónde está la oficina de turismo/ una agencia de viajes?*
Ich benötige eine Hotelunterkunft	*Necesito una habitación en un hotel.*
Wo kann ich mein Gepäck lassen?	*¿Dónde puedo dejar mi equipaje?*
Ich habe meinen Koffer verloren.	*He perdido mi maleta.*

Zoll, Polizei

Hier ist die Kaufbescheinigung.	*Aquí está el recibo de compra.*
Hier ist mein(e) ...	*Aquí está mi ...*
Pass/	*pasaporte/*
Personalausweis/	*carnet de identidad/*
Kfz-Schein/	*los documentos del vehículo/*
Grüne Versicherungskarte.	*la Carta Verde.*
Ich fahre nach ...	*Voy a ...*
und bleibe ...	*y me quedo ...*
Tage/Wochen.	*días/semanas.*
Ich möchte eine Anzeige erstatten	*Quisiera hacer una denuncia.*
Man hat mir ...	*Me han robado ...*
Geld/die Tasche/	*dinero/el bolso/*
die Papiere/	*los documentos/*
die Schlüssel/	*las llaves/*
den Fotoapparat/	*la cámera/*
den Koffer/	*la maleta/*
das Fahrrad gestohlen.	*la bicicleta.*
Verständigen Sie bitte das Deutsche Konsulat.	*Por favor, informe al Consulado Alemán.*

Freizeit

Ich möchte ein ...	*Quisiera alquilar ...*
Fahrrad/	*una bicicleta/*
Motorrad/	*una motocicleta/*
Surfbrett/	*una tabla de surf/*
Mountainbike/	*un mountain bike/*
Boot/Pferd mieten.	*un barco/un caballo.*
Gibt es ein(en) ...	*¿Hay en la cercanía ...*
Freizeitpark/	*un parque de atracciones/*
Freibad/	*una piscina pública/*
Golfplatz in der Nähe?	*un campo de golf?*
Wo ist die nächste Bademöglichkeit?	*¿Dónde hay una posibilidad de bañarse?*
Wo liegt der nächste Strand?	*¿Dónde está la playa más cerca?*
Wann hat ... geöffnet?	*¿Qué horario tiene ...?*

Bank, Post, Telefon

Brauchen Sie meinen Ausweis?	*¿Necesita Usted mi carnet de identidad?*
Wo soll ich unterschreiben?	*¿Dónde tengo que firmar?*
Ich möchte eine Telefonverbindung nach ...	*Quisiera una linea telefónica con ...*
Wie lautet die Vorwahl für ...?	*¿Cómo es el prefijo de...?*
Wo gibt es ...	*¿Dónde puedo conseguir ...*
Münzen für den Fernsprecher/	*monedas/*
Telefonkarten/	*tarjetas para el teléfono/*
Briefmarken?	*sellos?*

Tankstelle

Wo ist die nächste Tankstelle?	*¿Dónde está la gasolinera más cerca?*
Ich möchte ... Liter ...	*Quisiera ... litros de ...*
Super/Diesel	*gasolina super/diesel*
bleifrei/	*gasolina sin plomo/*
verbleit.	*con plomo.*
Volltanken, bitte!	*¡Lleno, por favor!*
Bitte prüfen Sie ...	*Controle por favor ...*
den Reifendruck/	*la presión de los neumáticos/*

den Ölstand/	*el nivel del aceite/*
den Wasserstand/	*el nivel del agua/*
das Wasser für die Scheibenwischanlage/	*el agua para el lavaparabrisas/*
die Batterie.	*la batería.*
Würden Sie bitte ...	*¿Podría ...*
den Ölwechsel vornehmen/	*cambiar el aceite/*
den Radwechsel vornehmen/	*cambiar la rueda/*
die Sicherung austauschen/	*cambiar el fusible/*
die Zündkerzen erneuern/	*cambiar las bujías/*
die Zündung nachstellen/	*ajustar el encendido/*
den Wagen waschen?	*lavar el coche?*

Panne

Ich habe eine Panne.	*Tengo una avería.*
Der Motor startet nicht.	*El motor no arranca.*
Ich habe die Schlüssel im Wagen gelassen.	*Dejé las llaves en el coche.*
Ich habe kein Benzin/Diesel.	*No tengo gasolina/diesel.*
Gibt es hier in der Nähe eine Werkstatt?	*¿Hay algún taller por aquí cerca?*
Können Sie den Wagen reparieren?	*¿Puede Usted reparar el coche?*
Bis wann?	*¿Para cuándo?*

Mietwagen

Ich möchte ein Auto mieten.	*Quisiera alquilar un coche.*
Was kostet die	*¿Cuánto cuesta el*
pro Tag/pro Woche/	*por día/por semana/*
mit unbegrenzter km-Zahl/	*con kilometraje ilimitado/*
mit Kaskoversicherung/	*con seguro ›casco‹/*
mit Kaution?	*con depósito?*
Wo kann ich den Wagen zurückgeben?	*¿Dónde puedo devolver el coche?*

Unfall

Hilfe!	*¡Ayuda!/¡Socorro!*
Achtung!/Vorsicht!	*¡Atención!/¡Cuidado!*
Rufen Sie bitte schnell ...	*Por favor, llame en seguida ...*
einen Krankenwagen/	*una ambulancia/*
die Polizei/	*a la policía/*
die Feuerwehr.	*a los bomberos.*
Es war (nicht) meine Schuld.	*(No) Fue culpa mía.*
Geben Sie mir bitte Ihren Namen und Ihre Adresse.	*Por favor, darme su nombre y dirección.*
Ich brauche die Angaben zu Ihrer Autoversicherung.	*Necesito los datos de su seguro.*

Krankheit

Können Sie mir einen guten Deutsch sprechenden Arzt/Zahnarzt empfehlen?	*¿Puede recomendarme un buen médico/dentista que hable alemán?*
Wann hat er Sprechstunde?	*¿A qué hora tiene su consulta?*
Wo ist die nächste Apotheke?	*¿Dónde está la farmacia más próxima?*
Ich brauche ein Mittel gegen ...	*Necesito un medicamento contra ...*
Durchfall/	*la diarrea/*
Halsschmerzen/	*dolor de garganta/*
Fieber/	*la fiebre/*
Insektenstiche/	*las picaduras de insectos/*
Verstopfung/	*el constipado/*
Zahnschmerzen.	*dolor de muelas.*

Im Hotel

Können Sie mir ein Hotel/eine Pension empfehlen?	*¿Podría recomendarme un hotel/una pensión?*
Ich habe bei Ihnen ein Zimmer reserviert.	*He reservado aquí una habitación.*
Haben Sie ...	*¿Tiene Usted ...*
ein Einzel-/	*una habitación individual/*
Doppelzimmer ...	*doble ...*
mit Bad/Dusche/	*con baño/ducha/*
für eine Nacht/	*para una noche/*
für eine Woche/	*para una semana/*
mit Blick aufs Meer?	*con vista al mar?*
Was kostet das Zimmer mit ...	*¿Cuánto cuesta la habitación con ...*
Frühstück/	*desayuno/*
Halbpension/	*media pensión/*
Vollpension?	*pensión completa?*

Hinweise zur Aussprache

c	vor ›a, o, u‹ wie ›k‹, Bsp.: **c**asa, **c**aja
c	vor ›e‹ und ›i‹ ähnlich dem englischen ›th‹, Bsp.: gra**ci**as
ch	wie ›tsch‹, Bsp.: le**ch**e
g	vor ›e‹ und ›i‹ wie ›ch‹, Bsp.: **ge**nte
gue, gui	wie ›ge, gi‹ ,also mit stummem ›u‹, Bsp.: **gui**tarra, **gui**so
h	ist immer stumm
j	wie ›ch‹, Bsp.: **j**amón
ll	wie ›lj‹, Bsp.: torti**ll**a
ñ	wie ›nj‹, Bsp.: ni**ñ**o
que, qui	wie ›ke, ki‹, also mit stummem ›u‹, Bsp.: **que**so
v	wie ›b‹, Bsp.: **v**ia, **v**ino
z	ähnlich dem englischen ›th‹, Bsp.: tena**z**

Wie lange gibt es Frühstück?	*¿Hasta qué hora se sirve el desayuno?*
Ich möchte um ... geweckt werden.	*Quisiera que me despierten a la(s) ...*
Ich reise heute Abend/ morgen früh ab.	*Saldré esta noche/ mañana temprano.*
Haben Sie ein Faxgerät/ Hotelsafe?	*¿Tiene un fax/ una caja fuerte?*
Nehmen Sie Kreditkarten an?	*¿Acepta tarjetas de crédito?*
Kann ich Geld wechseln?	*¿Puedo cambiar dinero?*

Im Restaurant

Wo gibt es ein gutes Restaurant/ ein günstiges Restaurant?	*¿Dónde hay un buen restaurante/ un restaurante economico?*
Die Speisekarte/ Getränkekarte, bitte.	*¡La carta/ la lista de bebidas, por favor!*
Welches Gericht können Sie besonders empfehlen?	*¿Qué plato puede Usted recomendarme especialmente?*
Ich möchte das Tagesgericht/ Menü (zu ...)	*Quisiera el plato del día/ el menú (de ...).*
Ich möchte nur eine Kleinigkeit essen.	*Quisiera comer poca cosa.*
Haben Sie vegetarische Gerichte?	*¿Hay platos vegetarianos?*
Haben Sie offenen Wein?	*¿Hay un vino de la casa?*
Welche alkoholfreien Getränke haben Sie?	*¿Qué bebidas sin alcohol tiene?*
Haben Sie Mineralwasser mit/ ohne Kohlensäure?	*¿Tiene agua mineral con/sin gas?*
Das Steak bitte ... englisch/ medium/ durchgebraten.	*El bistec ... casi crudo/ medio/ bien hecho, por favor.*
Können Sie mir bitte ... ein Messer/ eine Gabel/ einen Löffel geben?	*Por favor, ¿puede darme ... un cuchillo/ un tenedor/ una cuchara?*
Darf man rauchen?	*¿Puedo fumar?*
Die Rechnung, bitte/ Bezahlen, bitte!	*¡La cuenta, por favor!*

Essen und Trinken

Abendessen	*cena*
Ananas	*piña*
Apfel	*manzana*
Aubergine	*berenjena*
Banane	*plátano*
Bier	*cerveza*
Birne	*pera*
Blutwurst	*morcilla*
Braten	*asado*
Brot/Brötchen/Toast	*pan/panecillo/tostada*
Butter	*mantequilla*
Ei	*huevo*
Eintopf	*cocido*
Eiscreme	*helado*
Erdbeere	*fresa*
Espresso	*café solo*
Espresso mit Milch	*cortado*
Essig	*vinagre*
Fisch	*pescado*
Flasche	*botella*
Fleisch	*carne*
Fruchtsaft	*zumo de frutas*
Frühstück	*desayuno*
Geflügel	*aves*
Gemüse	*verdura*
Glas	*copa/vaso*
Gurke	*pepino*
Huhn	*pollo*
Hummer	*bogavante*
Kalbfleisch	*carne de ternera*
Kaninchen	*conejo*
Karamelpudding	*flan*
Kartoffeln	*patatas*
Käse	*queso*
Krug/Karaffe	*jarra*
Meeresfrüchte	*mariscos*
Milch	*leche*
Milchkaffee	*café con leche*
Mineralwasser	*agua mineral*
Mittagessen	*almuerzo*
Nachspeisen	*postres*
Öl	*aceite*
Oliven	*aceitunas*
Orangensaft (frisch gepresst)	*zumo (natural) de naranja*
Pfeffer	*pimienta*
Pflaumen	*ciruelas*
Pilze	*hongos/setas*
Reis	*arroz*
Rindfleisch	*carne de vaca*
Salat	*ensalada*
Salz	*sal*
Schinken	*jamón*
Schweinefleisch	*carne de cerdo*
Suppe	*sopa*
Süßigkeiten	*dulces*
Tee	*té*
Thunfisch	*atún*
Vorspeisen	*entremeses*
Wassermelone	*sandía*
Wein Weiß-/ Rot-/ Rosé-Wein	*vino ... blanco/ tinto/ rosado*
Weinschorle	*tinto de verano*
Weintrauben	*uvas*
Zucker	*azúcar*

Register

Bildnachweis

Umschlag-Vorderseite: Poolanlage mit Blick auf die Dünen von Maspalomas.
Foto: Gottfried Aigner, München
Umschlag-Vorderseite Reiseführer Plus: Dünen bei Maspalomas.
Foto: Bildagentur Huber, Garmisch-Partenkirchen (R. Schmid)

Titelseite
Oben: Agaete am Fuß des Gordo (Wh. von S. 16/17)
Mitte: Karneval in Las Palmas (Wh. von S. 8)
Unten: Strand von Puerto Rico (Wh. von S. 10/11)

Außer den nachstehend aufgeführten stammen alle fotografischen Aufnahmen von Gottfried Aigner, München.

Archivo de El Museo Canario, Las Palmas: 26 unten – *Bildagentur Huber, Garmisch-Partenkirchen:* 16/17, 31 (R. Schmid), 122 oben links (Huber), Mitte, unten links/rechts (R. Schmid), 131 (Friedel)– *Casa Montesdeoca, Las Palmas:* 39 unten – *Centro Atlantico de Arte Moderno, Las Palmas:* 28 – *dpa Picture-Alliance, Frankfurt:* 6 unten (Friedel), 10/11, 26 oben, 34/35, 36 oben, 43, 74/75 (R. Schmid) – *Hartmuth Friedrichsmeier, Hamburg:* 87, 112 oben (Martin Siepmann) – *Hotel Santa Catalina, Las Palmas:* 38 – *IFA Bilderteam, Ottobrunn:* 9 Mitte (K. Thiele), 81 (Grüner Heinrich)– *laif, Köln:* 10 oben (Piepenburg), 11 oben (Heuer), 65 unten (Fulvio Zanetti) – *LOOK, München:* 8 (2), 29 (Jürgen Richter), 122 oben rechts (Alex Tino Friedel)– *Patronato de Turismo de Gran Canaria:* 6 oben, 6/7, 7, 9 oben, 10 Mitte, 15 unten, 18/19, 20/21, 23 unten, 36 unten, 51, 60, 68 oben, 79, 80/81 – *Süddeutscher Bilderdienst:* 14 unten, 15 oben – *Ernst Wrba, Wiesbaden:* 20 unten, 25, 30 (2), 37, 40 unten, 46, 47 unten, 52, 56, 66, 68 unten, 78, 83 (2), 85 unten, 93 unten, 115, 117 unten, 118, 128, 132

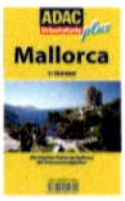

Ägypten
Algarve
Allgäu*
Amsterdam
Andalusien*
Australien
Bali und Lombok
Baltikum
Barcelona*
Berlin*
Berlin* (english edition)
Bodensee*
Brandenburg*
Brasilien
Bretagne
Budapest*
Bulgarische Schwarzmeerküste
Burgund
Costa Brava und Costa Daurada
Côte d'Azur*
Dalmatien
Dänemark*
Deutschland, City Guide
Dominikanische Republik
Dresden*
Dubai, Vereinigte Arabische Emirate, Oman
Elsass
Emilia Romagna
Florenz
Florida
Französische Atlantikküste*
Fuerteventura*
Gardasee*
Germany, City Guide (engl.)
Golf von Neapel
Gran Canaria*
Hamburg*
Harz
Hongkong und Macau
Ibiza und Formentera
Irland*
Israel
Istrien und Kvarner Golf*
Italienische Adria
Italienische Riviera
Jamaika
Kalifornien
Kanada – Der Osten
Kanada – Der Westen
Karibik
Kenia
Korfu und Ionische Inseln*
Kreta*
Kuba*
Kykladen
Lanzarote
Leipzig*
London*
Madeira
Mallorca*
Malta
Marokko
Mauritius und Rodrigues
Mecklenburg-Vorpommern*
Mexiko
München*
Neuengland
Neuseeland
New York*
Niederlande
Norwegen*
Oberbayern*
Österreich*
Paris*
Peloponnes
Piemont, Lombardei, Valle d'Aosta
Polen*
Portugal*
Prag*
Provence
Rhodos*
Rom*
Rügen, Hiddensee, Stralsund*
Salzburg*
Sardinien*
Schleswig-Holstein*
Schottland
Schwarzwald*
Schweden*
Schweiz*
Sizilien*
Spanien
St. Petersburg
Südafrika
Südengland
Südtirol*
Sylt
Teneriffa*
Tessin
Thailand
Toskana*
Tunesien
Türkei-Südküste*
Türkei-Westküste
Umbrien
Ungarn
USA-Südstaaten
USA-Südwest
Usedom*
Venedig*
Venetien und Friaul
Wien*
Zypern

* auch als ADAC Reiseführer Plus mit CityPlan bzw. UrlaubsKarte

Leserforum

Die Meinung unserer Leserinnen und Leser ist wichtig, daher freuen wir uns von Ihnen zu hören. Wenn Ihnen dieser Reiseführer gefallen hat, wenn Sie wichtige Hinweise zu den Inhalten haben – Ergänzungs- und Verbesserungsvorschläge, Tipps und Korrekturen – dann schreiben Sie uns:

Redaktion ADAC Reiseführer
ADAC Verlag GmbH
81365 München
verlag@adac.de
www.adac.de/reisefuehrer

Impressum

Lektorat, Bildredaktion: Elisabeth Schnurrer
Aktualisierung: Cornelia Hübler
Karten: Mohrbach Kreative Kartographie, München
Herstellung: Martina Baur
Druck, Bindung: Bosch Druck, Landshut
Printed in Germany

Ansprechpartner für den Anzeigenverkauf:
Kommunalverlag GmbH & Co KG,
MediaCenterMünchen, Tel. 089/92 80 96-44

ISBN 978-3-89905-451-4
ISBN 978-3-89905-538-2 Reiseführer Plus

Gedruckt auf chlorfrei gebleichtem Papier

Autor der Essays S. 27, 108 und 114 ist Gottfried Aigner.

Neu bearbeitete Auflage 2007